Ein passendes Pflegeheim finden und finanzieren

Was muss ich beachten? Wie kann ich es bezahlen? Welche Alternativen habe ich?

Rolf Winkel und Can Winkel

Akademische Arbeitsgemeinschaft | Mannheim

Postfach 10 01 61 · 68001 Mannheim
Telefon 0621/8626262
Telefax 0621/8626263
www.akademische.de

1. Auflage

Stand: Juli 2022

Zum Zwecke der besseren Lesbarkeit verwenden wir allgemein die grammatisch männliche Form. Selbstverständlich meinen wir aber bei Personenbezeichnungen immer alle Menschen unabhängig von ihrer jeweiligen geschlechtlichen Identität.

Redaktion: Dr. Torsten Hahn, Benedikt Naglik, Gerald Eckel

Geschäftsführer: Christoph Schmidt, Stefan Wahle

Layout und Umschlaggestaltung: futurweiss kommunikationen, Wiesbaden

Bildquelle: © Alexander Raths – stock.adobe.com

Printed in Poland

ISBN 978-3-96533-263-8

Vorwort

Ambulant vor stationär – das ist ein eherner Grundsatz der Pflegeversicherung. Und es entspricht auch weitgehend den Wünschen vieler Menschen, so lange wie möglich innerhalb der eigenen vier Wände zu bleiben. Doch der Umzug in ein Pflegeheim muss keineswegs eine Notlösung sein. Heime können zwar schlecht sein, mitunter gibt es in ihnen skandalöse **Pflegemissstände.** Doch solche Missstände gibt es – auch wenn sie weniger Schlagzeilen machen – ebenfalls bei der häuslichen Pflege. Die Mehrheit der Heime ist durchaus akzeptabel – und etliche sind sogar empfehlenswert.

Für manchen Pflegebedürftigen kann die Unterbringung in einem Heim die bessere Lösung sein. Dort finden Sie Pflege, Betreuung und Geselligkeit in einem. Das ist möglicherweise gerade für Alleinstehende wünschenswert.

Es gibt also gute **Gründe,** sich für einen **Umzug in ein Pflegeheim** zu entscheiden:

- Sie wünschen die Möglichkeit einer Rund-um-die-Uhr-Versorgung.
- Sie sind alleinstehend und haben keinen großen Freundes- oder Bekanntenkreis.
- Ihr Lebenspartner lebt bereits im Heim.
- Sie wünschen sich Geselligkeit.
- Sie scheuen den großen Organisationsaufwand eine Pflege zu Hause sicherzustellen.

Doch aus welchem Grund auch immer Sie sich für die Heimpflege interessieren: Für Sie und Ihre Angehörigen stellen sich **zwei zentrale Fragen:**

- **Welches Heim ist das richtige?**
- **Wie kann ich das finanzieren?**

Denn meist ist die Pflege im Heim die **teuerste Art der Pflege.** Im Folgenden erfahren Sie,

- welche Kosten im Pflegeheim auf Sie zukommen,
- ob die Pflegeversicherung bei der Entscheidung für die Heimpflege und für ein konkretes Heim Mitspracherechte hat,
- worauf zu achten ist, wenn das Sozialamt sich an den Kosten der Pflege beteiligt, und
- wie Sie möglichst ein passendes Pflegeheim finden.

Rolf Winkel und Can Winkel

Inhalt

1 Was stationäre Pflege kostet und wie hoch der Eigenanteil ist

Ein **Pflegeheimplatz** kostet im Bundesdurchschnitt rund **3.500,– € im Monat.** Dabei gibt es allerdings – je nach Bundesland, Lage und Ausstattung des Heimes – große Unterschiede. Die Kosten für ein Heim setzen sich zusammen aus den

- Pflege- und Betreuungskosten,
- Kosten für Unterkunft und Verpflegung,
- Kosten für Investitionen.

1.1 Wie beteiligt sich die Pflegeversicherung an den Heimkosten?

Die Pflegeversicherung ist eine **Teilkaskoversicherung.** Das bedeutet: Sie beteiligt sich nicht an den Kosten für Unterkunft und Verpflegung sowie an den Investitionskosten. Zu den **Pflege- und Betreuungskosten** leistet sie nur einen **Zuschuss.** Einen Teil dieser Kosten müssen Sie also selbst übernehmen. Dieser Zuschuss sorgt dafür, dass der monatliche Eigenanteil an den Heimkosten derzeit im Bundesdurchschnitt bei 2.179,– € liegt.

Gut 1.300,– € schießt die Pflegeversicherung damit im Schnitt zu den Pflegekosten monatlich hinzu. Diese Zahlen hat der Verband der Ersatzkassen e.V. (vdek) veröffentlicht. Der je nach Dauer der Heimzugehörigkeit unterschiedliche **neue Zuschlag,** der den einzelnen Pflegebedürftigen seit Anfang 2022 zusteht, ist dabei noch nicht berücksichtigt. Durch diesen wird für Pflegebedürftige, die neu in ein Heim einziehen, der Eigenanteil um 30,– € bis 50,– € reduziert. Bei längerer Heimzugehörigkeit fällt die Reduzierung deutlich höher aus.

Wichtig zu wissen ist natürlich, was durch den Durchschnittsbetrag von 2.179,– € abgedeckt ist: Das sind die Kosten für Wohnen, Essen,

Hausreinigung, Strom, Wasser und Heizung sowie die Pflege. Private Ausgaben – etwa für Kleidung, Kaffee und Kuchen am Nachmittag oder die tägliche Tageszeitung – müssen Sie hinzurechnen. Wenn Sie einen Blick auf die folgende Tabelle werfen, wird Ihnen auffallen: Es gibt riesige Unterschiede zwischen den einzelnen Bundesländern. Nordrhein-Westfalen steht mit einem durchschnittlichen Eigenanteil in Höhe von monatlich 2.542,– € an der Spitze, während in Sachsen-Anhalt mit monatlich 1.588,– € im Schnitt fast 1.000,– € weniger an Eigenbeteiligung anfällt.

Doch damit nicht genug: Die Differenzierung geht auch innerhalb der einzelnen Bundesländer noch weiter. So finden Sie beispielsweise auch in Nordrhein-Westfalen Pflegeheime, in denen Sie lediglich rund 1.500,– € im Monat zuzahlen müssen.

Durchschnittliche finanzielle Belastung von Pflegebedürftigen durch Pflegeheimkosten

Sachsen-Anhalt	1.588,– €
Mecklenburg-Vorpommern	1.696,– €
Thüringen	1.806,– €
Brandenburg	1.838,– €
Niedersachsen	1.847,– €
Sachsen	1.869,– €
Schleswig-Holstein	1.980,– €
Hessen	2.122,– €
Berlin	2.128,– €
Bremen	2.154,– €
Hamburg	2.168,– €
Bayern	2.178,– €
Bundesdurchschnitt	2.179,– €
Rheinland-Pfalz	2.264,– €
Saarland	2.517,– €
Baden-Württemberg	2.541,– €
Nordrein-Westfalen	2.542,– €

Quelle: vdek

1.2 Muss ich im Pflegeheim mehr bezahlen, wenn ich stärker pflegebedürftig werde?

Diese Befürchtung ist unbegründet. Die Heimpflege ist zwar vielfach teuer, wie viel sie kostet, hängt aber **nicht vom Pflegegrad ab** (abgesehen vom Pflegegrad 1).

Das Verfahren, wie der Betrag berechnet wird, mit dem Sie sich an den Heimkosten beteiligen, ist recht kompliziert. Klar ist zunächst: Ihnen werden die **Kosten für Unterkunft und Verpflegung** (»Hotelkosten«) sowie die **Investitionskosten** komplett in Rechnung gestellt. Dazu kommt ein Teil der **Pflegekosten,** der folgendermaßen zustande kommt:

Die Pflegeversicherung übernimmt – nach Pflegegraden gestaffelte – Leistungsbeträge für die Betreuung und Pflege im Heim. Diese liegen bei den Pflegegraden 2 bis 5 zwischen 770,– € und 2.005,– € monatlich und decken jeweils nur einen Teil der Pflegeaufwendungen des Heimes ab.

Wie viel die Pflegekasse dem Heim für Sie überweist, wenn Sie dort leben, spielt seit 2017 für Sie als Heimbewohner nur noch eine Nebenrolle. Denn inzwischen zahlen alle, die mit Pflegegrad 2 bis 5 in einem Heim leben, denselben Eigenanteil für die Pflege- und Betreuungskosten. Die Heime errechnen diesen **Eigenanteil** folgendermaßen:

- Sie addieren die Zuschüsse der Pflegekassen für ihre Bewohner mit Pflegegrad 2 bis 5.
- Dieser Summe werden die tatsächlichen Pflegekosten (einschließlich Ausbildungskosten, falls im Heim Ausbildung stattfindet) gegenübergestellt.
- Die Differenz wird dann auf die Bewohner mit Pflegestufen 2 bis 5 umgelegt.

Ein Heim hat 100 Bewohner mit Pflegegrad 2 bis 5. Die Pflegeversicherung überweist dem Heim monatlich für die Pflege insgesamt 130.000,– €. Die tatsächlichen Pflegekosten belaufen sich auf 230.000,– €. Die Differenz beträgt 100.000,– €. Dieser Betrag wird auf die 100 Bewohner mit Pflegegrad 2 bis 5 umgelegt. Pro Person liegt der Eigenanteil an den Pflegekosten in diesem Beispiel damit bei 1.000,– €.

Allerdings ist dieser Eigenanteil von Pflegeheim zu Pflegeheim unterschiedlich. Im Bundesdurchschnitt liegt der einrichtungseinheitliche Eigenanteil für die Pflege bei 912,– € im Monat.

Seit 2022 gibt es einen neuen weiteren Zuschuss zu den Pflegekosten im Heim. Dieser wird für Menschen in den Pflegegraden 2 bis 5 gewährt. Diesen Zuschlag gibt es jedoch nur zu den Pflegekosten und nicht zum kompletten Betrag, den das Heim den einzelnen Bewohnern in Rechnung stellt.

Die genaue Höhe dieses Betrags hängt davon ab, **wie lange** jemand schon **in einem Pflegeheim lebt:**

- Im ersten Jahr beträgt der Zuschlag zum Eigenanteil für die Pflege 5 %,
- im zweiten Jahr sind es 25 %,
- im dritten Jahr 45 %
- und wer mehr als drei Jahre in einer vollstationären Einrichtung wohnt, erhält einen Zuschlag von 70 %.

Dazu eine Beispielrechnung, die von einem heimindividuellen Eigenanteil von 800,– € ausgeht. Im ersten Jahr werden die pflegebedingten Kosten im Heim nur minimal (um 5 % bzw. 40,– € im Monat) reduziert. Pflegebedürftige, die lange in der vollstationären Einrichtung leben, profitieren dagegen deutlich von der Neuregelung. Ab Beginn des vierten Heimjahrs sinkt ihr Eigenanteil an den Pflegekosten in diesem Fall deutlich um 560,– €.

Was bei einem heimindividuellen pflegebedingten Eigenanteil von 800,– € im Monat tatsächlich für die Pflege zu zahlen ist

Aufenthaltsdauer im Heim	Zuschuss	zu zahlender Eigenanteil für Pflege
bis zwölf Monate	40,– €	760,– €
mehr als ein Jahr	200,– €	600,– €
mehr als zwei Jahre	360,– €	440,– €
mehr als drei Jahre	560,– €	240,– €

Zuschussregelung gilt nicht nur bei Neueinzug ins Heim

Die **Regelung zur Begrenzung des Eigenanteils** trat zwar erst 2022 in Kraft. Sie gilt aber auch für diejenigen, die bereits vor diesem Zeitpunkt in einem Pflegeheim lebten. Praktisch wird dies, so steht es in § 43c SGB XI, so geregelt, dass die Pflegekasse »zum 1. Januar 2022 für alle vollstationär versorgten Pflegebedürftigen die bisherige Dauer des Bezugs von Leistungen nach § 43« (gemeint sind damit: Leistungen der vollstationären Pflege) an das Heim übermittelt. Auf dieser Grundlage errechnet das Heim den Zuschuss, den die einzelnen Pflegebedürftigen zu ihrem Pflege-Eigenanteil beanspruchen können, und stellt der Pflegekasse eine entsprechende Rechnung.

Die 2017 und 2022 eingeführten Regeln schaffen für Sie immerhin eine Art Planungssicherheit. Wenn Sie in ein Pflegeheim einziehen, wissen Sie bereits, mit welchen Kosten Sie in den kommenden Jahren maximal rechnen müssen. Ein Anstieg Ihrer Kostenbelastung aufgrund eines höheren Pflegegrades ist jedenfalls ausgeschlossen. Im Gegenteil: Mit zunehmender Dauer der Heimzugehörigkeit (die oft mit einem höheren Pflegegrad einhergeht) können Sie sogar mit geringeren Kosten rechnen.

1.3 Was gilt, wenn ich in Pflegegrad 1 eingestuft bin?

Auch dann können Sie – was aber kaum jemand tut – in ein Pflegeheim einziehen. Die Kosten müssen Sie aber weitestgehend allein tragen. Dieser niedrigste Pflegegrad ist so etwas wie eine Vorstufe der Pflegebedürftigkeit. Wenn Sie hierin eingestuft wurden, haben Sie noch nicht Anspruch auf die vollen Leistungen der Pflegeversicherung.

Wenn Sie in ein Heim ziehen, fällt Ihre Eigenbeteiligung höher aus als bei Pflegegrad 2 bis 5. Sie selbst erhalten von der Pflegeversicherung nämlich monatlich nur den sogenannten **Entlastungsbetrag** in Höhe von 125,– €. Die Heimkosten sind deshalb beim niedrigsten Pflegegrad 1 am höchsten.

Sie haben auch mit Pflegegrad 1 bereits Anspruch auf die Leistungen der Pflegekasse zur Wohnungsanpassung. Hierfür steht Ihnen ein Etat in Höhe von 4.000,– € zur Verfügung, mit dem Sie Ihre Mietwohnung oder Ihr Wohneigentum sozusagen »altersfest« machen können – etwa durch Kleinigkeiten wie Haltegriffe oder durch die Umrüstung Ihrer Dusche auf Barrierefreiheit. Zudem ist für Sie möglicherweise der richtige Zeitpunkt gekommen, um in eine Einrichtung des betreuten Wohnens einzuziehen. Wenn Sie in einer solchen Einrichtung leben, können Sie später – bei stärkerer Pflegebedürftigkeit – Pflegeleistungen »einkaufen«.

1.4 Wie kann ich mir einen ersten Überblick über die Kosten verschaffen, die für mich in Pflegeheimen anfallen?

Gute Informationen hierzu finden Sie in mehreren **Internetportalen,** so z.B. in den Portalen der Krankenkassen. Jede Pflegekasse bietet eine Datenbank mit Suchfunktion an, über die Heime zu finden sind. Jede Kasse nennt die Datenbank jedoch anders: Beim Verband der Ersatzkassen (vdek) ist es der **Pflegelotse,** bei den AOKs der **Pflegenavigator** und bei den BKKs der **Pflegefinder.** Über die Datenbank haben Sie Zugriff auf Pflegeheime in ganz Deutschland. Sie finden Informationen zu Größe, Kosten, Versorgungsformen und Qualität der Anbieter.

- www.aok-pflegeheimnavigator.de (der AOKs),
- www.bkk-pflegefinder.de (der BKKs),
- www.pflegelotse.de (der Ersatzkassen) und
- www.der-pflegekompass.de (der Knappschaft).

Weitere Hilfen finden Sie auf dem gemeinsamen Portal der Verbraucherzentrale des Bundesverbandes, der Bundesarbeitsgemeinschaft Selbsthilfe, der Deutschen Arbeitsgemeinschaft Selbsthilfegruppen, des Paritätischen Wohlfahrtsverbandes, des Sozialverbandes Deutschland und des Sozialverbandes VdK Deutschland mit der Bertelsmann Stiftung:

- www.weisse-liste.de/de/pflege/pflegeheimsuche.

Auf allen genannten Portalen werden nach der Eingabe einer Postleitzahl und dem Entfernungsradius in der Regel zahlreiche stationäre Pflegeeinrichtungen angezeigt. Zugleich gibt es erste Informationen zu den jeweiligen Heimen (Preise, freie Plätze, Pflegequalität).

Besonders empfehlenswert ist der vdek-Pflegelotse (www.vdek.com). Dieser wurde vom Fernsehsender »ntv« und dem Deutschen Institut für Service-Qualität (DISQ) zum fünften Mal in Folge mit dem Preis »Deutschlands beste Online-Portale« ausgezeichnet. Das Webangebot erhielt die Auszeichnung in der Kategorie »Vergleichsportale Pflegedienste & Pflegeheime«. Wenn Sie beispielsweise im Pflegelotsen als Wohnort »50999 Köln« angeben, finden Sie in einem Umkreis von 5 km 19 Einrichtungen mit einer Eigenbeteiligung zwischen 1.466,– € und 3.929,– € (für Pflegegrade 2–5). Sie können auch nur ein konkretes Heim eingeben, das Sie – beispielsweise – kennen, weil Sie dort früher schon einmal einen Angehörigen besucht haben.

1.5 Wie lange berechnet das Heim Pflegekosten?

§ 87a Pflegeversicherungsgesetz (SGB XI) bestimmt, dass die Zahlungspflicht von Pflegeheimbewohnern bzw. Zahlungspflichtigen mit dem Tag endet, »an dem der Heimbewohner aus dem Heim entlassen wird oder verstirbt«.

Der **Bundesgerichtshof** (BGH) hat am 4.10.2018 entschieden, dass dies auch dann gilt, wenn ein Pflegeheimbewohner seinen Heimplatz zum Monatsende gekündigt hat, aber in einem anderen – für ihn besser geeigneten Heim – schon zur Monatsmitte ein Platz frei wird (Az. III ZR 292/17). Der **Zahlungsanspruch des Heimträgers** bestehe nur für die Tage, in denen sich der Pflegebedürftige tatsächlich im Heim aufhält (Berechnungstage). § 87a Abs. 1 Satz 2 SGB XI regelt nicht allein die Zahlungspflicht des Kostenträgers, sondern erfasst ebenso die zivilrechtliche Vergütungspflicht des Heimbewohners.

Schon 2010 hat das **Bundesverwaltungsgericht** entschieden, dass Regelungen im Pflegevertrag, die eine 14-tägige Weiterzahlung nach Tod vorsehen, rechtswidrig sind. Die entsprechenden Vertragsklauseln sind danach »unzulässig und unwirksam« (Az. 8 C 24/09). Unvermeidliche Leerstände in Heimen nach dem Tod von Bewohnern würden nämlich schon bei der Kalkulation der monatlichen Pflegesätze berücksichtigt und deshalb von den Pflegekassen anteilig finanziert.

2 Gesetzliche Pflegeversicherung: Voraussetzungen der Kostenbeteiligung?

Die gesetzliche Pflegeversicherung beteiligt sich derzeit im Schnitt mit 1.300,– € an den Pflegekosten von Heimbewohnern mit Pflegegrad 2 bis 5. Vielleicht fragen Sie sich, ob das in jedem Fall gilt. Im Folgenden finden Sie Antworten auf die wichtigsten Fragen:

Brauche ich die Genehmigung der Pflegekasse, bevor ich in ein Pflegeheim ziehe?

Die kurze Antwort lautet: Nein. Jedenfalls dann, wenn Sie bereits mindestens in Pflegegrad 2 eingestuft sind oder eine solche Einstufung zwar formell noch nicht erfolgt, aber sicher ist (etwa nach einem schweren Schlaganfall). § 43 Abs. 1 **Pflegeversicherungsgesetz** (SGB XI) bestimmt eindeutig: »Pflegebedürftige der Pflegegrade 2 bis 5 haben Anspruch auf Pflege in vollstationären Einrichtungen«. Der Zusatz »wenn häusliche oder teilstationäre Pflege nicht möglich ist oder wegen der Besonderheit des einzelnen Falles nicht in Betracht kommt«, der bis zum 31.12.2016 in § 43 SGB XI zu finden war, wurde zum 1.1.2017 gestrichen.

Zwar regelt § 3 SGB XI im Prinzip den Grundsatz des **Vorrangs der häuslichen Pflege vor der Heimpflege.** Dort heißt es: »Die Pflegeversicherung soll mit ihren Leistungen vorrangig die häusliche Pflege und die Pflegebereitschaft der Angehörigen und Nachbarn unterstützen, damit die Pflegebedürftigen möglichst lange in ihrer häuslichen Umgebung bleiben können. Leistungen der teilstationären Pflege und der Kurzzeitpflege gehen den Leistungen der vollstationären Pflege vor«.

Doch dies ist lediglich eine programmatische Erklärung und eine Aufforderung an die Pflegekassen, die häusliche Pflege so weit zu fördern, dass möglichst viele Menschen **möglichst lange in ihren eigenen vier Wänden** bleiben können. Das stimmt auch weitgehend mit den Wünschen vieler Menschen überein. Dementsprechend sind die Leistungen, die zu Hause lebenden Pflegebedürftigen zustehen, 2017 ausgebaut worden. Sie fallen sogar in sehr vielen Fällen höher aus als die Beträge, die an das Pflegeheim gezahlt werden. Von der finanziellen Belastung her gibt es also aus der Sicht Ihrer Pflegeversicherung keinerlei Grund dafür, Ihnen Steine in den Weg zu legen, wenn Sie in ein Heim einziehen möchten. Soweit sich das **Sozialamt** an den Pflegekosten beteiligt, sieht die Sache anders aus. Dazu später mehr.

Vor der Aufnahme in ein Pflegeheim müssen Sie als Pflegebedürftige(r) bei Ihrer Pflegekasse einen »Antrag auf stationäre Leistungen der Pflegeversicherung« stellen. Das ist zunächst irritierend. Denn warum sollten Sie einen Antrag stellen für etwas, das Ihnen ohnehin zusteht? Doch hierbei geht es um Folgendes: Es geht um die Bestätigung des Betrages, den die Pflegeversicherung dem von Ihnen ausgewählten Heim zahlt. Anders formuliert: Es geht um die Kalkulationssicherheit des Pflegeheims. Auf Ihre Antragstellung hin bescheinigt die Pflegeversicherung, mit welchem Betrag sie sich an Ihrer Heimpflege beteiligt.

Manche Kassen fragen im Antrag noch nach dem **Grund für den beabsichtigten Wechsel** in ein Heim. Vorgesehen sind hier als Gründe:

- es fehlt eine Pflegeperson,
- drohende oder bereits eingetretene Überforderung der Pflegepersonen,
- räumliche Gegebenheiten im häuslichen Bereich ermöglichen keine häusliche Pflege,
- fehlende Bereitschaft der vorhandenen Pflegeperson,
- Eigen- oder Fremdgefährdung des Pflegebedürftigen.

Welchen Grund Sie für einen Wechsel ins Heim haben und was Sie hier ankreuzen, spielt aber keine Rolle. Ihnen steht es – zumindest was die Pflegeversicherung betrifft – völlig frei, sich entweder für die ambulante oder die stationäre Pflege zu entscheiden.

Pflegeheim ist nicht unbedingt eine Notlösung

Fragebögen von Pflegekassen zur Begründung der Wahl der stationären Pflege erzeugen mitunter bei Betroffenen einen (völlig unnötigen) Rechtfertigungsdruck und legen nahe, dass eine Notsituation vorliegen muss, damit eine stationäre Betreuung gewählt wird. Dabei muss ein Pflegeheim keineswegs eine Notlösung sein. In einem Heim finden Sie Pflege, Betreuung und Geselligkeit in einem. Es gibt viele gute Gründe, sich für einen Umzug in ein Pflegeheim zu entscheiden – und Sie müssen niemandem gegenüber hierüber Rechenschaft ablegen (gegebenenfalls mit Ausnahme des Sozialamts).

Spielt es für die Pflegeversicherung eine Rolle, in welches Heim ich ziehe?

Nein. Soweit es sich um ein Heim handelt, mit dem die Pflegeversicherung einen **Versorgungsvertrag** geschlossen hat. Auch hierfür gibt es einen finanziellen Grund: Die Pflegeversicherung beteiligt sich an den Heimkosten immer mit einem festen Betrag. Ob Sie Heim A wählen oder das deutlich teurere Heim B, spielt dabei keine Rolle. Die Pflegeversicherung gewährt immer den gleichen Zuschuss.

Einrichtungen des betreuten Wohnens wirken zwar vielfach ähnlich wie ein Pflegeheim, und auch in diesen Einrichtungen können Sie Leistungen der Pflegeversicherung erhalten – sie gelten jedoch nicht als »Pflegeheime«. Sie können dort vielmehr – genau wie in einer normalen Wohnung – Leistungen für die häusliche Pflege in Anspruch nehmen und diese Leistungen bei einem ambulanten Dienstleister einkaufen.

Mein Sohn lebt in einer Stadt in Süddeutschland. Ich möchte gerne in ein Pflegeheim in seiner Nähe ziehen. Geht das?

Auch das spielt aus Sicht der Pflegeversicherung keine Rolle (anders bei der Sozialhilfe). Sie haben aus Kassensicht bundesweit die **freie Heimwahl.** Das kann für Sie auch aus finanziellen Gründen wichtig sein. Denn die Heimkosten unterscheiden sich je nach Standort ganz gewaltig.

Beteiligt sich die Pflegekasse auch an den Kosten eines Pflegeheims im Ausland?

Die hohen Heimkosten können den einen oder anderen Versicherten auch auf die Idee bringen, Pflege im Ausland – etwa in Ungarn oder Tschechien – in Anspruch zu nehmen. Seit Einführung der Pflegeversicherung wird darüber gestritten, ob die Leistungen der Pflegekasse auch ins Ausland »exportiert« werden können.

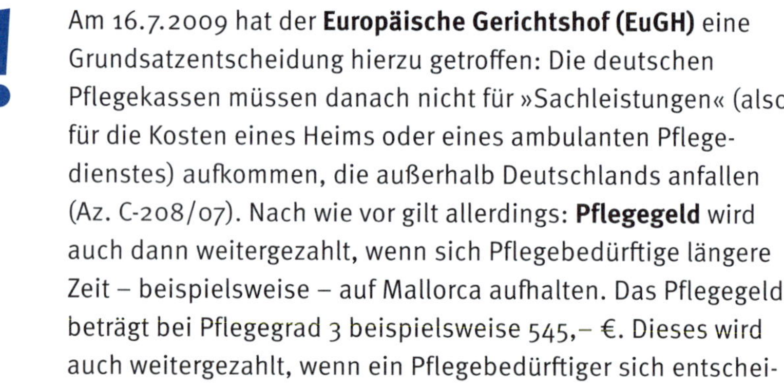

! Am 16.7.2009 hat der **Europäische Gerichtshof (EuGH)** eine Grundsatzentscheidung hierzu getroffen: Die deutschen Pflegekassen müssen danach nicht für »Sachleistungen« (also für die Kosten eines Heims oder eines ambulanten Pflegedienstes) aufkommen, die außerhalb Deutschlands anfallen (Az. C-208/07). Nach wie vor gilt allerdings: **Pflegegeld** wird auch dann weitergezahlt, wenn sich Pflegebedürftige längere Zeit – beispielsweise – auf Mallorca aufhalten. Das Pflegegeld beträgt bei Pflegegrad 3 beispielsweise 545,– €. Dieses wird auch weitergezahlt, wenn ein Pflegebedürftiger sich entscheidet, in ein Pflegeheim im EU-Ausland zu ziehen.

Konkret ging es beim Fall, über den der EuGH zu entscheiden hatte, um die Übernahme von Pflegekosten einer deutschen Versicherten, die in Österreich in einem dort staatlich anerkannten Pflegeheim lebte. Die zum Zeitpunkt der Gerichtsentscheidung verstorbene Klägerin war gemeinsam mit ihrem Ehemann in Deutschland pflegeversichert und bezog Leistungen aus dieser Versicherung. Da der Ehemann sich beruflich nach Österreich orientieren wollte, war sie in eine stationäre Pflegeeinrichtung in Österreich umgezogen. Die zuständige deutsche Pflegekasse lehnte es aber ab, den Teil der Heimkosten, der über das Pflegegeld hinausging, zu übernehmen.

Der EuGH gab der Kasse recht. Auch das **Recht auf Freizügigkeit** in der EU verlange nicht, dass in allen Staaten gleiche Pflegeleistungsansprüche bestünden. Die Folge: Wer von einem deutschen in ein ausländisches Pflegeheim wechselt, muss einen erheblich größeren Teil der Pflegekosten selbst übernehmen.

Die Rechtsprechung des EuGHs zum Pflegegeld nützt allerdings den in Deutschland Versicherten nichts, wenn sie mittlerweile in einem Land außerhalb der EU und des EWR leben. Hier gibt es das Pflegegeld nur bei einem vorübergehenden Aufenthalt für die Dauer von längstens sechs Wochen.

3 Sozialhilfe: Kostenübernahme und Prüfung der Heimnotwendigkeit

Vielleicht gehören Sie zu den gut gestellten Senioren, für die die Summen, die Pflegeheime als Eigenbeteiligung verlangen, kein Problem sind. Als Ruheständler mit einem durchschnittlichen oder auch niedrigen Einkommen, kommen Sie bei monatlichen Pflegeheimbeträgen von 2.000,– € und mehr schnell an Ihre Grenzen. Dann kommt vielfach das **Sozialamt** ins Spiel. Das Sozialamt ist in diesem Fall aber nicht nur Geldgeber für die Pflege. Soweit sich das Amt an den Pflegekosten beteiligt, sind Sie – anders als bei der Pflegeversicherung – in der **Heimauswahl nicht mehr völlig frei.** Zudem stehen Ihre Finanzen dann unter der Kontrolle des Sozialamtes.

3.1 Wann habe ich einen Anspruch auf Sozialhilfe, um die Heimkosten begleichen zu können?

Das Sozialamt beteiligt sich im Rahmen der sogenannten »**Hilfe zur Pflege**« an Pflegekosten, die Sie selbst nicht schultern können. Dies gilt aber nur dann, wenn Sie

- als bedürftig gelten und
- die Heimpflege in Ihrem Fall als notwendig gilt.

Zunächst zum Punkt »**Bedürftigkeit«.** Klar ist zunächst: Sie müssen in jedem Fall Ihr **Einkommen und Ihr Vermögen offenlegen,** um Unterstützung vom Sozialamt zu erhalten. Um den Eigenanteil für die Kosten im Pflegeheim zu decken, müssen Sie zunächst Ihr eigenes Einkommen – also vor allem Ihre Rente oder Ihre Pension – fast vollständig einsetzen. Ihnen selbst bleibt für Ihren persönlichen Bedarf lediglich ein Taschengeld in Höhe von 27 % des Regelbedarfs eines Alleinstehenden. Geregelt ist das in § 27b SGB XII. Aktuell beträgt dieser 449,– €. 27 % davon sind 121,23 €. Praktisch bedeutet dies:

Sie leben im Pflegeheim und erhalten monatlich eine Rente in Höhe von netto 1.300,– €. Hiervon müssen Sie monatlich (1.300,– € ./. 121,23 € =) 1.178,77 € zur Deckung der Heimkosten aufwenden, soweit das Sozialamt Teile der Heimkosten übernimmt.

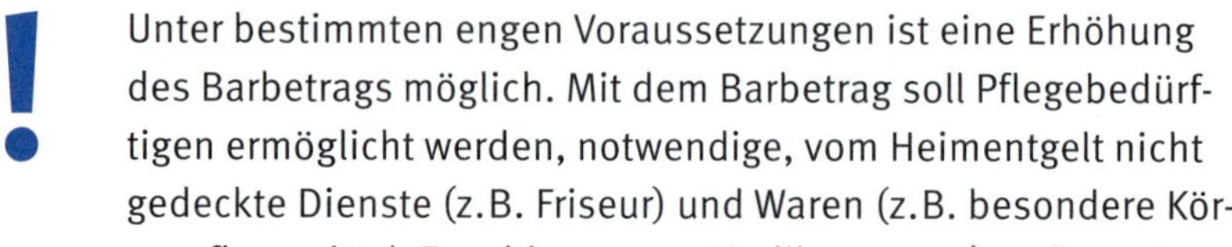

Unter bestimmten engen Voraussetzungen ist eine Erhöhung des Barbetrags möglich. Mit dem Barbetrag soll Pflegebedürftigen ermöglicht werden, notwendige, vom Heimentgelt nicht gedeckte Dienste (z.B. Friseur) und Waren (z.B. besondere Körperpflegemittel, Zuzahlungen zu Medikamenten) zu finanzieren.

Außer Ihrem Einkommen müssen Sie auch Ihr Vermögen (Immobilie, Aktien, Sparbücher und sonstiges Eigentum) zur Bezahlung der Heimkosten verwenden.

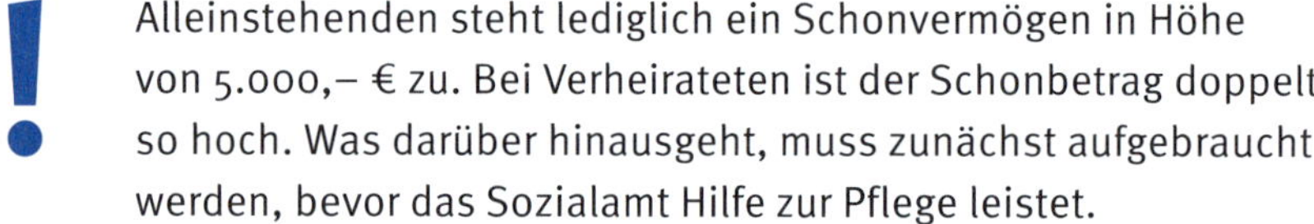

Alleinstehenden steht lediglich ein Schonvermögen in Höhe von 5.000,– € zu. Bei Verheirateten ist der Schonbetrag doppelt so hoch. Was darüber hinausgeht, muss zunächst aufgebraucht werden, bevor das Sozialamt Hilfe zur Pflege leistet.

3.2 Was gilt bei Wohneigentum?

Sind Sie alleinstehend und wechseln Sie in ein Pflegeheim, so entfällt der Schutz des Wohneigentums, der vorher gegebenenfalls noch bestand. Das bedeutet: Das **Wohneigentum ist verwertbar.**

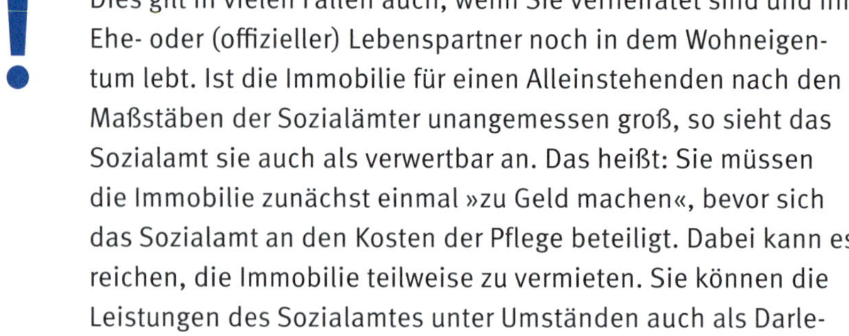

Dies gilt in vielen Fällen auch, wenn Sie verheiratet sind und Ihr Ehe- oder (offizieller) Lebenspartner noch in dem Wohneigentum lebt. Ist die Immobilie für einen Alleinstehenden nach den Maßstäben der Sozialämter unangemessen groß, so sieht das Sozialamt sie auch als verwertbar an. Das heißt: Sie müssen die Immobilie zunächst einmal »zu Geld machen«, bevor sich das Sozialamt an den Kosten der Pflege beteiligt. Dabei kann es reichen, die Immobilie teilweise zu vermieten. Sie können die Leistungen des Sozialamtes unter Umständen auch als Darlehen erhalten. In diesem Fall lässt sich das Sozialamt aber in entsprechender Höhe eine Grundschuld eintragen, um sicher zu sein, dass es später sein Geld zurückerhält.

3.3 Ist es sinnvoll, Sozialhilfe zur Deckung der Heimkosten darlehensweise zu beziehen?

In einigen Fällen kann dies sicherlich sinnvoll sein. Etwa dann, wenn Ihr Ehepartner noch in Ihrem Wohneigentum lebt, während Sie selbst in ein Pflegeheim umziehen. Gilt das Wohneigentum für den Ehepartner als unangemessen groß, so kann der darlehensweise Bezug von Sozialhilfe ihm das Weiterwohnen in der Immobilie sichern.

Meist dürfte es Pflegebedürftigen um etwas anderes gehen: Wenn Sie Ihr Eigentum im Falle von Pflegebedürftigkeit nicht verkaufen, sondern dem Sozialamt eine Grundschuld einräumen, wollen Sie wahrscheinlich das **Wohneigentum für Ihr Kind oder Ihre Kinder erhalten.** Günstig ist diese Grundschuld-Lösung für Ihre wahrscheinlichen Erben nicht. Denn nach Ihrem Tod wird das Darlehen fällig. Meist werden die Erben dann für das Darlehen aufkommen, um so die Immobilie zu erhalten. Das bedeutet: Letztlich kommen Ihr(e) Kind(er) dann doch für die durch Ihr eigenes Einkommen nicht gedeckten Pflegekosten auf.

Finanziell betrachtet ist es günstiger, wenn Ihre Nachkommen direkt – ohne Einschaltung des Sozialamts – für die nicht gedeckten Kosten aufkommen. Das ist vor allem steuerlich gesehen vielfach vorteilhaft. Denn wenn sich Kinder an den Heimkosten beteiligen, handelt es sich um steuerlich absetzbare Unterhaltsleistungen, durch die ein außergewöhnlicher Bedarf abgedeckt wird. Die Kosten sind insgesamt – nach Abzug des zumutbaren Eigenanteils – abzugsfähig. Gerade wenn mehrere Geschwister Unterhalt für ihre Eltern zahlen, lohnt es sich, eine steuerliche Beratung in Anspruch zu nehmen, um die steuergünstigste Lösung zu finden.

3.4 Bittet das Sozialamt meine Kinder zur Kasse?

Viele Senioren haben kein Wohneigentum und ihre eigenen Einkünfte reichen nicht aus, um (mögliche) Pflegeheimkosten zu decken. In diesem Fall wird das Sozialamt **»Hilfe zur Pflege«** als Zuschuss leisten (und nicht als Darlehen). Werden **meine Kinder** hierdurch **belastet?,** fragen Sie sich möglicherweise. Meist kann hier inzwischen Entwarnung gegeben werden. Dafür sorgt eine Gesetzesänderung, die Anfang 2020 in Kraft trat.

Grundsätzlich gilt auch heute noch: Das Sozialamt springt in den skizzierten Fällen für die nicht gedeckten Heimkosten ein, geht also in Vorleistung. Haben Kinder der Pflegebedürftigen genug Geld, fordert das Amt das Geld von ihnen zurück. In diesem Fall tritt das Sozialamt als Dritter zwischen Kinder und Eltern. Als Eltern selbst machen Sie keinen Unterhalt von Ihren Kindern geltend. Das erledigt das Sozialamt.

Genau das geschieht heute aber nur noch selten. Wenn Sie Hilfe zur Pflege erhalten, dann ist jedes Kind nur dann zum Unterhalt verpflichtet, wenn sein Einkommen – nach Abzug der Werbungskosten – 100.000,– € brutto im Jahr übersteigt.

Die meisten Senioren können deshalb heute Sozialhilfe beantragen, ohne dass ihre Kinder für sie aufkommen müssen. Diese 100.000-Euro-Regel galt bis Ende 2019 nur für die **»Alters-Sozialhilfe«** (Grundsicherung im Alter), durch die der Lebensunterhalt von Senioren mit niedrigem Einkommen gesichert werden soll. Das **Angehörigenentlastungsgesetz,** das zum 1.1.2020 in Kraft trat, dehnte die 100.000-Euro-Regelung auf alle Sozialhilfeleistungen aus.

3.5 Was geschieht, wenn ich Wohneigentum oder sonstiges Vermögen an meine Kinder oder Enkel verschenkt habe?

»Geschenkt ist geschenkt, wieder holen ist gestohlen«: Diese Redensart findet sich schon in einer Sprichwortsammlung aus dem Jahr 1716. Fast jeder hat den Spruch schon als Kind gelernt und benutzt. Und sicher: Geschenktes nicht zurückzuverlangen, ist zweifellos im Allgemeinen eine vernünftige und ehrenwerte Maxime.

Doch juristisch sieht die Sache anders aus. Das Bürgerliche Gesetzbuch (BGB) gibt in § 528 dem Schenker das Recht der »Rückforderung wegen Verarmung«. § 529 regelt, dass der Rückforderungsanspruch erst dann ausgeschlossen ist, wenn seit der Leistung des geschenkten Gegenstandes zehn Jahre verstrichen sind. Das bedeutet: **Schenkungen aus den letzten zehn Jahren** können **zurückverlangt** werden, wenn der **Schenker verarmt** ist.

Innerhalb der Familie haben diese Regelungen meist wenig Bedeutung. Eltern werden nur selten von einem Kind Geschenktes zurückverlangen. Doch wenn das Sozialamt ins Spiel kommt, sieht die Sache anders aus.

Wenn das Amt »Hilfe zur Pflege« zur Deckung von Heimkosten leistet, macht es anstelle der Betroffenen (und ohne nach deren Willen zu fragen) Ansprüche gegen Unterhaltsverpflichtete geltend – auch Ansprüche auf Rückforderung einer Schenkung. Die Schenkung einer Immobilie an ein Kind oder einen Enkel kann dann innerhalb der 10-Jahres-Frist rückabgewickelt werden. In der Praxis dürfte dies oft zur Folge haben, dass die beschenkten Kinder oder Enkel dann lieber – wenn es ihnen möglich ist – für die Heimkosten aufkommen. Tun sie dies nicht freiwillig, kann das Sozialamt entsprechende Zahlungen von Beschenkten verlangen. Die 100.000-Euro-Regel, die gerade erläutert wurde, schützt die Betroffenen in diesem Fall nicht.

Der **Rückforderungsanspruch** spielt in der Praxis vor allem im Zusammenhang mit **Immobilienschenkungen** eine Rolle, es geht aber auch um **Geldschenkungen.** Daher wird von den Ämtern vielfach überprüft, ob es im Zehn-Jahres-Zeitraum vor der Gewährung von Hilfe zur Pflege durch das Sozialamt nennenswerte Abflüsse von Geldmitteln gegeben hat. Teilweise wird eine »Saldenbestätigung der Bank über sämtliche Konten der letzten 10 Jahre« verlangt (hier zitiert aus der Auflistung der notwendigen Unterlagen für einen Antrag auf Hilfe zur Pflege durch den Kreis Soest).

Im Zusammenhang mit Geldschenkungen hat ein rechtskräftig gewordenes Urteil des **Oberlandesgerichts Celle** vom 13.2.2020 (Az. 6 U 76/19) für Aufsehen gesorgt. Dabei ging es um eine Großmutter, die für ihre beiden Enkelkinder Bonussparkonten auf deren Namen angelegt hatte, auf die sie – bevor sie pflegebedürftig wurde und in ein Pflegeheim ziehen musste – monatlich je 50,– € überwiesen hatte. Als Pflegebedürftige reichte ihre Rente in Höhe von 1.250,– € zusammen mit den Leistungen der Pflegeversicherung nicht zur Deckung der Heimkosten.

Als sie deshalb Sozialhilfe beantragte, verlangte das Amt von den Enkeln die Rückzahlung der Beträge, die die Großmutter in den letzten zehn Jahren auf die Sparkonten eingezahlt hatte. Das zuvor mit der Sache befasste Landgericht hatte die Forderung des Sozialamtes mit dem Argument, es habe sich um »Anstandsschenkungen« gehandelt, abgewiesen. Das vom Sozialamt daraufhin angerufene Oberlandesgericht Celle befand dagegen, die von der Großmutter regelmäßig zum Kapitalaufbau an die Enkel geleisteten Zahlungen stellten weder eine sittlich gebotene »Pflichtschenkung« noch eine auf moralischer Verantwortung beruhende »Anstandsschenkung« dar. Hiergegen spräche u.a. die Regelmäßigkeit der Zahlungen und der Zweck der Zuwendungen (Kapitalaufbau). Es habe sich nicht etwa um ein Taschengeld an die Enkel gehandelt.

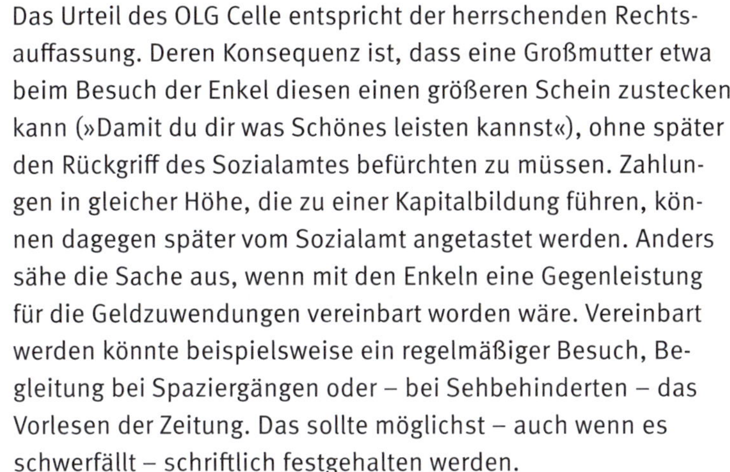

Das Urteil des OLG Celle entspricht der herrschenden Rechtsauffassung. Deren Konsequenz ist, dass eine Großmutter etwa beim Besuch der Enkel diesen einen größeren Schein zustecken kann (»Damit du dir was Schönes leisten kannst«), ohne später den Rückgriff des Sozialamtes befürchten zu müssen. Zahlungen in gleicher Höhe, die zu einer Kapitalbildung führen, können dagegen später vom Sozialamt angetastet werden. Anders sähe die Sache aus, wenn mit den Enkeln eine Gegenleistung für die Geldzuwendungen vereinbart worden wäre. Vereinbart werden könnte beispielsweise ein regelmäßiger Besuch, Begleitung bei Spaziergängen oder – bei Sehbehinderten – das Vorlesen der Zeitung. Das sollte möglichst – auch wenn es schwerfällt – schriftlich festgehalten werden.

3.6 Ehegattenunterhalt: Was gilt, wenn ein Partner ins Pflegeheim zieht?

Häufig müssen Ehepaare Folgendes erleben: Der eine Partner muss in ein Pflegeheim ziehen, weil die Pflege zu Hause nicht mehr funktioniert oder nicht gewünscht ist, während der andere Partner weiterhin zu Hause lebt. Wenn Sie der zu Hause bleibende Partner sind, wird es für Sie möglicherweise selbstverständlich sein, für nicht gedeckte Heimpflegekosten aufzukommen – jedenfalls soweit hierdurch Ihr eigener Lebensunterhalt nicht gefährdet ist. Doch gerade wegen der häufig hohen Finanzierungslücke kann genau dies schnell der Fall sein. Dann stellt sich die Frage: Mit welchem Teil beteiligt sich das Sozialamt an den ungedeckten Pflegekosten und mit welchem Anteil Sie als Ehepartner?

Für Ihre Kinder gilt zwar eine »Schongrenze« von 100.000,– € Bruttoeinkommen jährlich, bis zu der Ihnen keine Unterhaltszahlung für die Eltern zugemutet wird. Diese Grenze gilt für Sie als Ehepartner nicht. Der Gesetzgeber geht davon aus, dass bei

Ehepaaren (und offiziell Verpartnerten) eine besondere gegenseitige Einstandspflicht besteht. Daher müssen Sie auch dann für Heimkosten aufkommen, wenn Ihr Einkommen weit unter der 100.000-Euro-Grenze liegt. Darüber hinaus müssen Sie neben dem Einkommen auch Vermögenswerte einsetzen.

Nach § 90 SGB XII seht Ihnen allerdings ein **Schonvermögen** zu. Nach der Verordnung zur Durchführung des § 90 Abs. 2 Nr. 9 SGB XII sind das 5.000,– €. Der gleiche Betrag gilt für den Ehe-/Lebenspartner.

Bei Ehe-/Lebenspartnern bleibt somit insgesamt ein Vermögen von 10.000,– € anrechnungsfrei. Soweit Sie als Paar mehr als 10.000,– € Geldvermögen haben, muss der darüber hinausgehende Betrag zunächst zur Deckung der Finanzierungslücke bei den Heimkosten eingesetzt werden.

Ähnliches gilt, wenn das Ehepaar in Wohneigentum lebt und dieses für den zu Hause verbliebenen Ehepartner als unangemessen groß gilt. Ein Haus mit 90 m² Grundfläche gilt für einen Alleinstehenden grundsätzlich als **angemessen.** Ein geringes Überschreiten dieser Grenze wird von den Sozialämtern in der Regel akzeptiert. Gilt die Immobilie als zu groß, so muss sie zur Finanzierung der Heimpflege eingesetzt werden – gegebenenfalls zur Absicherung einer darlehensweisen Finanzierung der Pflege durch das Sozialamt.

Beim Einkommen sind die Regeln weniger klar. Eindeutige gesetzliche Regelungen, welchen Teil Ihres Einkommens Sie als Ehepartner in solchen Situationen aufbringen müssen, gibt es nicht, wohl aber Gerichtsurteile, zu denen es in der Regel kam, weil Sozialämter Geld vom zu Hause verbliebenen Ehepartner »eintreiben« wollten.

Der Bundesgerichtshof (BGH) entschied am 27.4.2016 über folgenden Fall: Eine Ehefrau war aufgrund einer schweren Erkrankung pflegebedürftig im Heim. Die Heimkosten beliefen sich auf 3.923,59 € und würden weitgehend vom Sozialamt getragen. Der Ehemann war

Rentner und hatte Renteneinkünfte in Höhe von 1.042,82 €. Das Sozialamt errechnete, dass er sich hiervon mit 132,56 € monatlich an den Heimkosten seiner Ehefrau beteiligen könne, und verklagte ihn auf eine Zahlung in dieser Höhe. Das zuvor mit der Sache befasste Oberlandesgericht hatte den vom Ehemann zu zahlenden Betrag auf 43,– € herabgesetzt – und das hielt auch der BGH für korrekt.

Der BGH befand: Auch wenn ein Ehepaar räumlich nicht mehr zusammenlebt, besteht für den bedürftigen Partner ein **Anspruch auf Familienunterhalt.** Dessen Höhe ist auf die individuellen persönlichen Einkommensverhältnisse abzustellen. Solange ein Paar zusammenlebt, gilt der **Halbteilungsgrundsatz.** Das Familieneinkommen ist hälftig unter den Partnern aufzuteilen. Für den Fall, dass einer der Partner in einem Heim lebt, würde dieser Grundsatz häufig dazu führen, dass dem anderen Partner fast nichts mehr bleibt. Im entschiedenen Fall hätten die kompletten Heimkosten das gesamte Familieneinkommen überstiegen.

Das Gericht entschied deshalb, dem zu Hause verbliebenen Partner müsse »der angemessene eigene Unterhalt als Selbstbehalt« bleiben. Dieser liege zwischen dem notwendigen und angemessenen Selbstbehalt, wie er für getrennt lebende Ehegatten in der **Düsseldorfer Tabelle** definiert sei. Im verhandelten Fall war der 2013 als angemessen geltende Selbstbehalt von 1.000,– € maßgebend.

Nach der **Düsseldorfer Tabelle** beträgt der monatliche Eigenbedarf (Selbstbehalt) gegenüber dem getrennt lebenden und dem geschiedenen Ex-Partner zurzeit:

- falls erwerbstätig 1.280,– €,
- falls nicht erwerbstätig 1.180,– €.

Darin sind 490,– € für Unterkunft, einschließlich Nebenkosten und Heizung (Warmmiete), enthalten. Bei einer höheren Warmmiete ist ein höherer Eigenbedarf anzusetzen, solange die Unterkunftskosten nicht unangemessen sind.

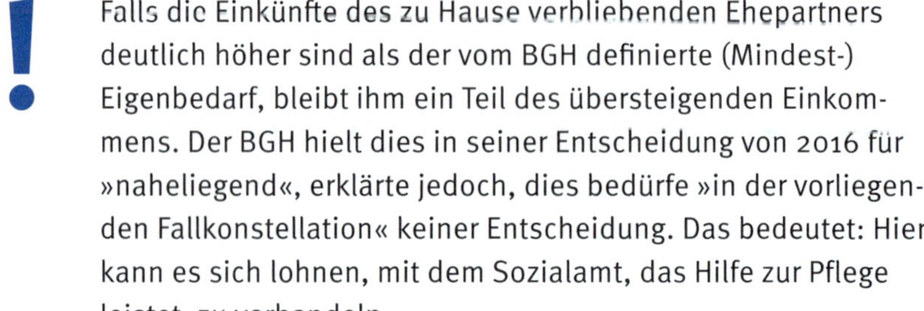

Falls die Einkünfte des zu Hause verbliebenden Ehepartners deutlich höher sind als der vom BGH definierte (Mindest-) Eigenbedarf, bleibt ihm ein Teil des übersteigenden Einkommens. Der BGH hielt dies in seiner Entscheidung von 2016 für »naheliegend«, erklärte jedoch, dies bedürfe »in der vorliegenden Fallkonstellation« keiner Entscheidung. Das bedeutet: Hier kann es sich lohnen, mit dem Sozialamt, das Hilfe zur Pflege leistet, zu verhandeln.

3.7 Müssen meine Erben die vom Sozialamt geleistete Hilfe zur Pflege nach meinem Tod ersetzen?

Nach dem Tod der Sozialhilfebezieher gelten die Regelungen zum »**Kostenersatz durch Erben**« (§ 102 SGB XII). Die Regelungen betreffen auch die zum Teil jahrelange Übernahme von Pflegeheimkosten. Wenn Sie im Pflegeheim leben und Hilfe zur Pflege als Zuschuss (und nicht als Darlehen) erhalten, haben Sie allerdings in der Regel nichts oder kaum etwas zu vererben, da bei der Sozialhilfe ein **Vermögensfreibetrag** in Höhe von 5.000,– € gilt (für Alleinstehende). Diese 5.000,– €, soweit sie noch vorhanden sind, gehen im Todesfall allerdings dann meist an das Sozialamt. Denn bei der Hilfe zur Pflege gilt, dass Erben zum Ersatz der Kosten der Sozialhilfe verpflichtet sind, die innerhalb eines Zeitraumes von zehn Jahren vor dem Erbfall aufgewendet worden sind.

! Erben müssen dem Sozialamt generell jedoch höchstens so viel erstatten, wie sie geerbt haben – also nichts aus dem eigenen Vermögen. Soweit allerdings eine Immobilie vererbt wird, muss diese verwertet werden, was in der Praxis darauf hinausläuft, dass die Erben die Pflegekosten (fast) komplett erstatten müssen.

Einschränkend gilt: Anspruch auf Kostenersatz kann das Sozialamt nur für den Teil seiner Ausgaben erheben, der 2.694,– € übersteigt (das Sechsfache des Regelbedarfs eines Alleinstehenden). Hat das

Sozialamt z.B. 10.000,– € für Pflegekosten gezahlt, so kann es sich aus dem Erbe (10.000,– € ./. 2.676,– € =) 7.324,– € zurückholen. Liegt das Erbe allerdings unter diesem Betrag, so kann maximal in Höhe des Erbes Kostenersatz verlangt werden.

3.8 Prüft das Sozialamt, ob für mich der Umzug in mein Pflegeheim notwendig ist?

Ja. Es gibt hier allerdings je nach Sozialhilfeträger unterschiedliche Verfahrensweisen, bundeseinheitliche Regeln gibt es nicht. Generell gilt:

- Wer in **Pflegegrad 4 oder 5** eingestuft wird, bei dem gehen die Sozialämter grundsätzlich von einer Heimnotwendigkeit aus. Es findet also keine Einzelfallprüfung statt.
- Wenn Sie in **Pflegegrad 1** eingestuft sind, gilt ein Umzug in ein Pflegeheim in aller Regel als nicht notwendig.
- Bei **Pflegegrad 2** findet eine Einzelfallprüfung statt.

So weit die Übereinstimmungen. Unterschiede gibt es, wie bei Pflegegrad 3 verfahren wird. Manche Sozialämter gehen auch bei Pflegegrad 3 davon aus, dass ein Umzug ins Pflegeheim erforderlich ist, andere prüfen in diesen Fällen die Heimnotwendigkeit. Auf der Internetseite des Rhein-Kreises Neuss heißt es zum Thema Heimnotwendigkeit etwa: »Bei Pflegegrad 2 und 3 ist diese zu prüfen«. Weiter erfährt man hier: »In diesen Fällen stellt die Pflegesachverständige des Rhein-Kreises Neuss auch fest, ob eine Unterbringung in einem Pflegeheim erforderlich ist, da diese in der Regel eine Gewährung öffentlicher Leistungen nach sich zieht, die jedoch erst in Betracht kommen, wenn die Versorgung in der eigenen Wohnung nicht mehr gewährleistet ist«. Der Kreis Soest – ebenfalls in Nordrhein-Westfalen gelegen – erklärt dagegen: »Bis einschließlich Pflegegrad 2 muss die Pflegeberatung eingeschaltet werden, um die Notwendigkeit der vollstationären Pflege festzustellen«.

In jedem Fall übernehmen die Sozialämter selbst – bzw. die kommunale Wohnberatung – die Prüfung. Der **Medizinische Dienst** klärt diese Frage spätestens seit 2017 nicht mehr, da seitdem ab Pflegegrad 2 ein Anspruch auf eine Beteiligung der Pflegeversicherung an den Heimkosten besteht.

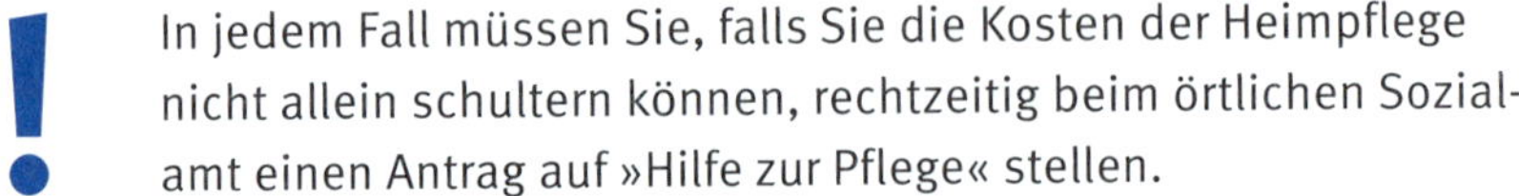

In jedem Fall müssen Sie, falls Sie die Kosten der Heimpflege nicht allein schultern können, rechtzeitig beim örtlichen Sozialamt einen Antrag auf »Hilfe zur Pflege« stellen.

3.9 Kann die Prüfung der Heimnotwendigkeit durch das Sozialamt auch Vorteile bringen?

Ja. Unter Umständen werden Sie so über **Alternativen zum Pflegeheim** informiert, die Sie bislang gar nicht in Erwägung gezogen haben. Das Hauptaugenmerk wird bei solchen Beratungen/Prüfungen vielfach auf **mögliche Alternativen zum Pflegeheim** gelegt. Dabei geht es um Fragen wie:

- Ist durch eine Wohnungsanpassung ein Verbleib in den eigenen vier Wänden möglich?
- Kann durch verstärkte Nutzung einer Tagespflegeeinrichtung ein Wechsel ins Pflegeheim verhindert werden?

Die Klärung solcher Fragen kann in Ihrem Interesse sein.

Die 86-jährige Anne Schäfer ist in Pflegegrad 3 eingestuft und wird von ihrer berufstätigen Tochter betreut. Anne Schäfer nutzt das Angebot einer Tagespflege an drei Tagen in der Woche. An diesen Tagen bringt ihre Tochter sie morgens auf dem Weg zur Arbeit in die Tagespflegeeinrichtung und holt sie auf dem Rückweg nachmittags wieder ab. Die dreitägige Tagespflege wird vollständig aus dem hierfür vorgesehenen Etat der Pflegeversicherung finanziert. Wegen einer Verschlechterung der gesundheitlichen Situation von Anne Schäfer wäre aber inzwischen eine fünftägige Nutzung der Tagespflege erforderlich. Doch hierfür reicht der für die Tagespflege bei Pflegegrad 3 vorgesehene Etat der Pflegeversicherung nicht aus. Das ist ein entscheidender Grund für den Plan, ins Pflegeheim umzuziehen. In einem solchen Fall kann unter Umständen mit dem örtlichen Sozialamt vereinbart werden, dass das Amt die verbleibenden Restkosten für die Tagespflege ganz oder teilweise übernimmt. Dann könnte sich ein Umzug ins Heim erübrigen – und das Sozialamt würde dennoch Kosten einsparen.

3.10 Ich möchte gerne in ein Pflegeheim an einem Ort ziehen, wo meine Kinder wohnen

Für das Sozialamt ist diese Frage – anders als für die Pflegeversicherung – durchaus wichtig. Im Sozialhilferecht findet sich hierzu in § 98 Abs. 2 SGB XII folgende Regelung: »Für die stationäre Leistung ist der Träger der Sozialhilfe örtlich zuständig, in dessen Bereich die Leistungsberechtigten ihren gewöhnlichen Aufenthalt im Zeitpunkt der Aufnahme in die Einrichtung haben oder in den zwei Monaten vor der Aufnahme zuletzt gehabt hatten«.

Praktisch bedeutet dies: Sie müssen die Kostenübernahme mit dem Sozialamt der Kommune oder des Landkreises klären, in dem Sie bislang gelebt haben bzw. derzeit leben (mindestens zwei Monate).

Schwierigkeiten können Sie ggf. aus dem Weg gehen, indem Sie rechtzeitig vor dem Wechsel in ein Pflegeheim in den neuen von Ihnen gewählten Wohnort ziehen. Gegebenenfalls finden Sie im Haus oder in der Wohnung Ihrer Kinder vorübergehend Unterschlupf. Soweit Sie in Ihrer neuen Bleibe zwei Monate gelebt haben (mit Anmeldung!), ist das Sozialamt Ihres neuen Wohnorts für die Kostenübernahme zuständig.

3.11 Habe ich eine freie Heimwahl auch dann, wenn das Sozialamt Kosten übernimmt?

Hierzu gibt es ein **Urteil des Bundessozialgerichts** (BSG) vom 5.7.2018. Das oberste deutsche Sozialgericht befand: Im Prinzip besteht für Pflegebedürftige auch gegenüber dem Kostenträger Sozialamt die **freie Heimwahl** – es gibt aber Ausnahmen (Az. B 8 SO 30/16).

Die Konstellation, über die das BSG zu entscheiden hatte, wird man in Deutschland überall antreffen: Mehrere Pflegeheime stehen für Betroffene zur Auswahl (ggf. im Einzelfall auch mit längeren Wartelisten). Doch die Heimkosten sind unterschiedlich. Darf der Sozialhilfeträger dann einem Pflegebedürftigen vorschreiben, das kostengünstigste Heim zu wählen – und andernfalls die Restkostenübernahme ablehnen oder begrenzen? Genau darüber wurde in Kassel entschieden, wobei es um gut 11.000,– € Schulden ging, die eine inzwischen Verstorbene innerhalb der sieben Jahre, die sie im klagenden Pflegeheim lebte, angehäuft hatte.

Der Sozialhilfeträger bezog sich dabei auf eine Regelung in § 9 Abs. 2 SGB XII, in dem es um die Sozialhilfe geht. Darin heißt es: »Der Träger der Sozialhilfe soll in der Regel Wünschen nicht entsprechen, deren Erfüllung mit unverhältnismäßigen Mehrkosten verbunden wäre«.

Das zuständige Sozialamt bezog sich auf diese Regelung und befand, das gewählte Heim sei zu teuer und damit unverhältnismäßig gewesen. Genau das sei hier **nicht** der Fall gewesen, befand das Bundessozialgericht. Denn das ausgewählte Heim habe lediglich die **mit den Kostenträgern vereinbarten Pflegesätze** berechnet. An den Verhandlungen dazu habe der Sozialhilfeträger mitgewirkt – auch er sei an die Ergebnisse, die dabei erzielt wurden, gebunden.

Das BSG stellte klar, dass das »**Wunsch- und Wahlrecht der leistungsberechtigten Person**« durch den gesetzlichen Mehrkostenvorbehalt **nicht beschränkt** ist, »wenn sie – wie hier – eine Einrichtung wählt, mit der für den Beklagten verbindliche Pflegesatz- bzw. Vergütungsvereinbarungen« bestehen. Klar ist damit auch: Wer eine teure Wohnresidenz wählt, mit der der Sozialhilfeträger keine Vergütungsvereinbarung getroffen hat, kann nicht damit rechnen, dass das Sozialamt die nicht gedeckten Heimkosten übernimmt.

3.12 Pflegewohngeld: Alternative zur Sozialhilfe in einigen Bundesländern

Möglicherweise haben Sie Anspruch auf das sogenannte **Pflegewohngeld** statt auf Hilfe zur Pflege vom Sozialamt.

Diese Leistung gibt es **ab Pflegegrad 2** in Nordrhein-Westfalen, Schleswig-Holstein und – in wenigen Fällen – auch in Mecklenburg-Vorpommern. Die Höhe hängt vom Einkommen und Vermögen des Pflegebedürftigen ab. Maximal besteht ein Anspruch in Höhe der Investitionskosten des Pflegeheims, die ansonsten voll von Ihnen zu tragen sind. Die Investitionskosten liegen momentan in Nordrhein-Westfalen im Schnitt immerhin bei 556,– €. Den Betrag erhält die Einrichtung, entsprechend sinkt dann Ihre Eigenbeteiligung um den bewilligten Betrag.

Bevor Sie Sozialhilfe beantragen, muss – soweit die Leistung im jeweiligen Bundesland vorgesehen ist – Pflegewohngeld beantragt werden. Den Antrag stellt – mit Ihrer Zustimmung – das Pflegeheim, Sie können ihn aber auch selbst stellen. Die Hürden vor dieser Leistung sind niedriger als bei der Sozialhilfe. So liegt in Nordrhein-Westfalen die Vermögensgrenze für Alleinstehende bei 10.000,– € (statt 5.000,– € bei der Hilfe zur Pflege des Sozialamtes).

4 Die Suche nach einem geeigneten Pflegeheim

Auf die Suche nach einem für Sie passenden Heim sollten Sie sich – am besten mit Ihren Angehörigen – nicht erst dann machen, wenn ein Heimplatz dringend benötigt wird. Die Suche sollten Sie am besten **lange vorher beginnen,** möglichst bereits, wenn die Heimnotwendigkeit für Sie noch meilenweit entfernt ist. Denken Sie daran: Rund jeder dritte, der derzeit verstirbt, hat seine letzte Lebenszeit in einem Pflegeheim verbracht.

4.1 Pflegeheimauswahl: An welchem Ort möchten Sie leben?

»Von einem Ortswechsel halte ich gar nichts. Ich will hier in der Gegend wohnen bleiben. Köln-Klettenberg oder Lindenthal, das ist deshalb meine erste Wahl. Wenn es hier direkt nichts gibt, will ich aber auf jeden Fall im linksrheinischen Teil von Köln bleiben«.

»Wenn ich in einen anderen Ort ziehe, dann nach Erfurt, wo meine Tochter lebt«.

Es gibt sicher noch viele andere Aspekte, die für die Wahl des Pflegeheims eine Rolle spielen. Vielleicht stellt sich die Frage für Sie gar nicht, weil Sie ein ganz bestimmtes Heim schon lange kennen und von diesem überzeugt sind. Doch generell gilt: Der erste Schritt der Heimauswahl ist meist – genau wie bei der »normalen« Wohnungssuche –, zu klären, wo das Heim liegen soll. Beispielsweise in »Stadtmitte/Nähere Umgebung«.

Vielleicht überlegen Sie sich auch, Ihren angestammten Wohnort aufzugeben und in ein Heim in der Nähe Ihrer Kinder oder anderer Verwandter/Freunde zu ziehen. In diesem Fall sollten Sie allerdings vorab in jedem Fall Ihre gegenseitigen Erwartungen abklären – wenn Sie keine Enttäuschung erleben wollen.

Sie sollten nicht nur den Ort festlegen, sondern auch Ihre Vorlieben für die Wohnlage abklären: Möchten Sie eher in einem zentrumsnahen Heim leben? Oder ziehen Sie eher eine ruhige Randlage vor. In diesem Fall müssen Sie allerdings berücksichtigen, dass Sie im Umfeld dann wohl auch nur wenige soziale und kulturelle und Dienstleistungsangebote finden. Und: Unter Umständen müssen Sie damit rechnen, dass Sie in weniger verkehrsgünstig gelegenen Randlagen weniger Besuch haben werden.

Die **folgenden Fragen** können Ihnen als **Entscheidungshilfen** dienen:

Ihr persönlicher Test: An welchem Ort möchten Sie künftig leben?

Möchten Sie in der Gegend, in der Sie leben, wohnen bleiben?	☐ Ja	☐ Nein
Falls ja: Welche Orte beziehungsweise Stadtteile kommen für Sie infrage?		
Möchten Sie in die Nähe von Angehörigen/Freunden ziehen?	☐ Ja	☐ Nein
Falls ja: Haben Sie mit Ihren Angehörigen über Ihre gegenseitigen Erwartungen gesprochen?	☐ Ja	☐ Nein
Möchten Sie eher zentral in der Ortsmitte leben?	☐ Ja	☐ Nein
Möchten Sie in einer grünen und ruhigen Randlage wohnen?	☐ Ja	☐ Nein

4.2 Informationssammlung: Woher erhalten Sie Informationen über passende Heime?

Möglicherweise kennen Sie Menschen, mit denen Sie früher Kontakt hatten, oder die in Ihrer Nachbarschaft wohnten, und die in der Zwischenzeit in einem Pflegeheim leben. Oder in Ihrer Nachbarschaft wohnen Angehörige von Pflegeheimbewohnern. Wenn Sie sich in Ihrem Umfeld umhören, werden Sie mit Sicherheit fündig werden. Über solche Kontakte erfahren Sie vieles aus dem Heimalltag, was Sie bei einem Besuch so nicht erfahren würden.

Fragen Sie auch Ihren Hausarzt oder Ihre Hausärztin nach Ihren Erfahrungen. Diese machen möglicherweise Hausbesuche in Heimen. Und natürlich sollten Sie nicht kommerzielle Beratungsangebote in Anspruch nehmen. Beratungsstellen vor Ort finden Sie über die Datenbank des Zentrums für Qualität in der Pflege (ZQP). Sie ermöglicht den Zugang zu rund 4.500 nicht kommerziellen Beratungsangeboten. Diese finden Sie unter www.zqp.de/beratung-pflege. Auch Beschwerdestellen sind darin aufgelistet. Weiter informiert das Angebot über Pflegestützpunkte, Einrichtungen der Wohlfahrtspflege, Verbraucherverbände und kommunale Einrichtungen. Eine interaktive Karte zeigt, wo sich die passende Beratungsstelle befindet.

Sehr nützlich bei der Pflegeheimsuche sind in jedem Fall **Internetportale.**

Wir empfehlen Ihnen die Nutzung des vdek-Portals www.pflegelotse.de. Die Pflegeheimdatenbank des Pflegelotsen ist zwar selbst recht übersichtlich, doch sie ist zunächst für manchen nicht leicht zu finden. Gehen Sie folgendermaßen vor: Geben Sie in Ihre Browserzeile »Pflegelotse« ein. Auf der vdek-Seite, die sich dann öffnet, klicken Sie »Pflegeeinrichtungen, Betreuungsangebote und Hilfen im Haushalt« an. Als Nächstes wird dann nach der gewünschten Versorgungsform gefragt. Hier klicken Sie »stationäre Pflegeeinrichtung« an. Wählen Sie nun »vollstationäre Pflege« aus und geben Sie den Ort, in dem Sie ein Pflegeheim suchen, und dessen Postleitzahl ein. Daraufhin werden Ihnen die im Umkreis liegenden Heime angezeigt. Und ein letzter Tipp: Da Sie diese Datenbank vermutlich mehrfach aufsuchen werden, speichern Sie sofort die Adresse der Seite mit den Angeboten zur »vollstationären Pflege«.

Sie finden im Pflegelotsen Informationen über Größe, Kosten, Versorgungsformen sowie die Lage und Anschriften der Anbieter. Auch über die **Qualität der Einrichtungen** informiert der Pflegelotse auf Grundlage objektiver Prüfergebnisse. Außerdem haben Sie die

Möglichkeit, verschiedene Pflegeeinrichtungen zu vergleichen. Sie können die Datenbank auch einfach nutzen, um konkrete Informationen über ein Heim zu bekommen, das Sie bereits ins Auge gefasst haben. Dann können Sie in die Suchmaske den Namen des Heims eingeben.

Der »Grüne Haken«

Bei einer Reihe von Pflegeheimen werden Sie im Pflegelotsen einen grünen Haken sehen.

Der Grüne Haken ist das Siegel für Verbraucherfreundlichkeit und Lebensqualität in Pflegeeinrichtungen der stationären Betreuung, das nach Prüfung durch die Heimverzeichnis GmbH vergeben wird. Das Heimverzeichnis wird von der gemeinnützigen Gesellschaft zur Förderung der Lebensqualität im Alter und bei Behinderung betrieben. Diese Gesellschaft vergibt den »Grünen Haken«, das bundesweit einzige Qualitätszeichen für Lebensqualität im Alter, an Pflegeheime und Seniorenresidenzen.

Die Prüfung der Heime wird durch über hundert speziell geschulte **ehrenamtliche und unabhängige Gutachter** vorgenommen. Auf der Internetseite des Projekts (heimverzeichnis.de) finden Sie Portraits einer Reihe von Gutachterinnen und Gutachtern. Die Begutachtungen erfolgen aus Verbrauchersicht. Die Teilnahme an den Begutachtungen ist für die Pflegeheime freiwillig. Sie müssen sich für die Begutachtung anmelden, zudem ist die Begutachtung für die Heime kostenpflichtig. Allerdings: Heime, die diese Begutachtung bestehen, können damit werben. Sie erhalten für zwölf Monate das Siegel. Bislang haben gut 1.100 Einrichtungen den Grünen Haken erhalten. Das sind nicht wenige, aber immer noch nur ein kleiner Teil der Heime.

Sie können sich bei Ihrer Vorauswahl für ein Pflegeheim auf diese Auswahl zertifizierter Heime beschränken. Dann sind Sie mit einer gewissen Wahrscheinlichkeit auf der »sicheren Seite«. Allerdings: Dass dieser Haken bei vielen Heimen fehlt, bedeutet nicht, dass eine Pflegeeinrichtung nicht verbraucherfreundlich ist. Es besagt zunächst nur, dass sie sich nicht zur Begutachtung angemeldet hat.

4.3 Wie groß soll/darf das Heim sein, damit Sie sich wohlfühlen können?

Im Pflegelotsen können Sie die **gewünschte Größe des Heims** (also die Zahl der Pflegeplätze) als Suchkriterium eingeben. Welche Größe ein Heim haben sollte, lässt sich schwer bestimmen. Die Entscheidung hängt sicher auch von Ihren Vorlieben ab. Wenn Sie beispielsweise Ihr ganzes Leben lang am liebsten in Familienpensionen Urlaub gemacht haben und vor organisierten Reisegruppen zurückgeschreckt sind, dürften Sie sich in der Regel auch im Alter mit großen Anlagen schwertun.

Kleinere Einrichtungen haben meist nur ein geringeres Leistungsangebot. Je größer die Einrichtungen sind, desto eher rechnet sich für Betreiber wegen der dann in der Regel größeren Auslastung ein breites Leistungsangebot. Allerdings wird dann die Atmosphäre meist auch anonymer.

Der Trend geht inzwischen zum kleineren Heim. Wie sich die 15.380 Pflegeheime, die das Statistische Bundesamt 2019 zählte, auf die einzelnen Größenklassen verteilen, zeigt folgende Tabelle. Deutlich wird schon auf den ersten Blick: Es gibt eine breite Auswahl von Heimen in ganz verschiedenen Größenklassen. Wenn Sie in der vdek-Datenbank beispielsweise als gewünschte Größe »bis 40 Plätze« eingeben, reduziert sich die Auswahl schon erheblich.

Pflegeheime 2019 nach Größenklassen

Pflegeplätze	Zahl der Heime	Zahl der Heime in %
bis 10	328	2,1 %
11–20	3.496	22,7 %
21–30	1.334	8,7 %
31–40	1.004	6,5 %
41–50	1.021	6,6 %
51–60	1.082	7,0 %
61–80	2.332	15,2 %
81–100	1.913	12,4 %
101–150	2.204	14,3 %
151–200	509	3,3 %
201–300	139	0,9 %
über 300	18	0,1 %

4.4 Ist für Sie ein besonderer Pflegeschwerpunkt wichtig?

Auch hier bietet der Pflegelotse die Möglichkeit zu einer Voreinstellung. Sie können als gewünschten Pflegeschwerpunkt beispielsweise eingeben »Blinde und sehbehinderte Menschen« oder »Spezielle Demenzbetreuung«. In vielen Fällen werden Sie wahrscheinlich die Vorgabe »ohne Pflegeschwerpunkt« wählen.

4.5 Wie können Sie das Umfeld der Anlage erkunden?

Wahrscheinlich haben Sie, wenn Sie den Pflegelotsen zur Vorauswahl genutzt haben bzw. von Bekannten/Angehörigen einen guten Tipp erhalten haben, nun ein oder mehrere Pflegeheime in der Vorauswahl. Der entscheidende Schritt ist nun der **Besuch vor Ort:** Sie müssen sich einen persönlichen Einblick über das Heim und sein Umfeld verschaffen.

Erkunden Sie zunächst das weitere Umfeld der Anlage

Gegebenenfalls kann das auch ein Angehöriger für Sie tun, wenn Sie aktuell dazu nicht in der Lage sind. Klar ist natürlich: Wie groß das Umfeld ist, das für Sie wichtig ist, hängt von Ihrer gesundheitlichen Situation ab. Gerade viele Pflegebedürftige mit Pflegegrad 2 sind durchaus noch in Grenzen mobil – andere sind in ihrer Mobilität auf einen engen Bereich beschränkt.

Erkunden Sie den Bereich, der für Sie erreich- und begehbar ist. Gehen Sie zunächst von der Wohnanlage aus 300 m bis 400 m und ziehen Sie (gedanklich) einen Kreis um die Anlage. Dies entspricht etwa der Länge von vier Fußballplätzen. Gehen Sie diesen Bereich mehrfach ab. Vielleicht können Sie nur noch kürzere Strecken an einem Stück gehen, Sie sind auf einen Stock angewiesen und brauchen zwischendurch Bänke als Ausruhstationen. Stellen Sie sich vor, dass sich Ihr Leben im Wesentlichen in diesem Umkreis von 300 m bis 400 m um die Wohnanlage abspielt. Unternehmen Sie zunächst einen Spaziergang in diesem Bereich. Gibt es für Sie interessante und abwechslungsreiche Wege? Gibt es Bänke für eine Ruhepause? Sind die Bürgersteige breit und eben?

Überlegen Sie nun, welche Angebote und Anregungen für Sie schon immer wichtig waren, zum Beispiel Einkaufsmöglichkeiten, ein Café, eine Begegnungsstätte, eine Kirche, ein Kiosk oder eine Grünanlage. Dies sind – wie gesagt – nur Beispiele. Sie wissen selbst, was für Sie persönlich besonders wichtig ist. Testen Sie nun, ob die für Sie unverzichtbaren Angebote und Einrichtungen im Umfeld des Heims, für das Sie sich interessieren, vorhanden sind.

Der engere Kreis um die Anlage

Vielleicht sind Sie in Ihrer Mobilität stärker gehandicapt. Möglicherweise sind Sie – beispielsweise – nicht nur auf einen Stock, sondern auf einen Gehwagen angewiesen oder gar auf einen Rollstuhl und Ihr

Leben spielt sich (wie bei vielen pflegebedürftigen Älteren) meist in einem Umfeld von etwa hundert Metern um die Wohnanlage herum ab. Ziehen Sie in diesem Abstand – wie bereits oben geschildert – gedanklich einen Kreis um die Anlage. Alles, was außerhalb dieses Kreises liegt, sollten Sie aus Ihrem Blickfeld ausblenden.

Wichtig wird für Sie nun: Gibt es um die Anlage herum oder in der direkten Umgebung einen Park oder einen größeren Garten? Gibt es dort schöne schattige Sitzplätze und ebene Wege?

Die Anlage selbst

Entscheidend ist immer, wie Ihnen die Einrichtung selbst gefällt. Doch je stärker Sie eingeschränkt sind, desto wichtiger wird für Sie der Eindruck, den das Heim von außen und innen für Sie macht. Zum Außeneindruck: Gefällt Ihnen die Architektur der Anlage? Oder ist sie Ihnen beispielsweise – zu sachlich, zu modern oder im Gegenteil zu »altertümlich«?

4.6 Was sind Ihre wichtigsten Kriterien bei der Heimsuche?

Zu vielen Heimen finden Sie im »**Pflegelotsen**« detaillierte Angaben. Klicken Sie hierzu die »Informationen zur Pflegeeinrichtung (Ausstattung und Angebote)« an. Sie finden eine lange Liste von Punkten, zu denen die Pflegeheime Angaben machen konnten. Längst nicht alle haben dies getan. Bei manchen taucht bei allen Punkten »k.A.« auf, also »keine Angabe«. Das muss nicht unbedingt gegen das Heim sprechen, es spricht allerdings auch nicht für das Heim.

Es beginnt mit einer Frage, die Sie vielleicht gar nicht an den Anfang gestellt hätten: »Werden die **Mahlzeiten in der Einrichtung zubereitet?**« Es spricht einiges dafür, dass Essen, das in der Einrichtung selbst zubereitet wird, schmackhafter ist als Essen, das – ggf. nur noch lauwarm – von einem externen Dienstleister angeliefert wird.

Antwortet hier eine Einrichtung: »Wir bieten ein reichhaltiges Angebot, zum Teil zubereitet nach den Richtlinien »Natürlich gut kochen«, so hört sich dies jedenfalls zunächst einmal gut an. Dennoch bietet es sich an, Bewohner nach der Qualität des Essens zu fragen.

Zum Thema Mahlzeiten findet sich im Pflegelotsen auch die Vorgabe »Weitere Informationen zu den Mahlzeiten in der Einrichtung«. Wenn das Heim hier antwortet: »Es besteht die Möglichkeit der Zubereitung von kleineren Gerichten in den Küchen der Wohnbereiche«, so wird dies mit Sicherheit für Menschen, die gerne kochen und auf der Suche nach einem Heim sind, interessant sein.

Diese Beispiele geben Ihnen vielleicht Anregungen für Ihre eigene Checkliste mit den Punkten, die Ihnen bei einem Pflegeheim wichtig sind. Wir raten Ihnen, die komplette »Abhakliste« des Pflegelotsen durchzugehen und sich die Antworten von zwei oder drei Heimen auf diese Vorgaben anzuschauen. So erhalten Sie ein Gespür dafür, was Sie von einem Pflegeheim erwarten können.

Abschließend noch einige ausgewählte Punkte, die wohl für viele Suchende auf die Checkliste gehören:

Möbel, Fotos und Bilder: Können Sie eigene Dinge mit ins Heim bringen?

Hier sollte das Standard sein, was eine Kölner Einrichtung erklärt: »Alles, was zustellbar ist, kann zur Gestaltung mitgebracht werden«. Zugleich sollten Sie aber später – bei der Hausbesichtigung – darauf achten, ob sich das Zimmer oder die Zimmer überhaupt dazu eignen, eigene Möbel mitzubringen. Und: Fragen Sie dann ruhig einige, die heute schon im Heim leben, ob dies funktioniert hat. Manche Einrichtungsgegenstände – so das Pflegebett – gehören ohnehin standardmäßig zur Einrichtung und können nicht ausgetauscht werden.

Haustiere: Dürfen Sie Ihren kleinen Dackel oder Ihre Wellensittiche mit ins Heim nehmen?

Rechtlich spricht hiergegen nichts. Doch nicht alle Einrichtungen lassen dies zu. Und: Manchen Bewohner wird es vielleicht gar nicht unbedingt erfreuen, wenn im Nachbarzimmer ein Dackel »mit wohnt«. Eine Kölner Einrichtung schreibt: »Nach Absprache mit der Leitung und wenn die Versorgung gewährleistet ist«.

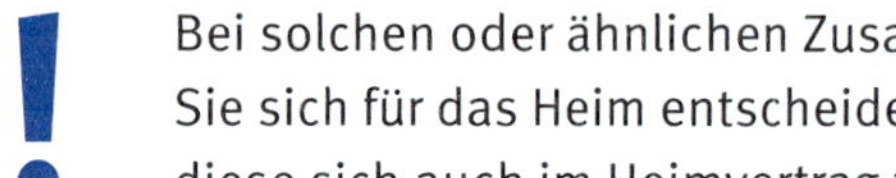

Bei solchen oder ähnlichen Zusagen sollten Sie später – wenn Sie sich für das Heim entscheiden – auch nachschauen, ob diese sich auch im Heimvertrag finden. Falls nicht: Bitten Sie um eine Ergänzung des Vertrags.

Einzelzimmer: Können Sie im Heim ein Einzelzimmer haben?

Einzelzimmer (mit anhängendem Bad) werden in immer mehr Pflegeheimen zum Standard. Mitunter gibt es nur noch Einzelzimmer. Wenn Ehepaare zusammen in ein Heim ziehen, hätten sie vielleicht sogar lieber ein sehr geräumiges großes Zimmer. Informationen über die Zahl der Einzel- und Doppelzimmer (in ganz wenigen Ausnahmen gibt es auch Mehrbettzimmer) finden Sie im Pflegelotsen schon auf der Startseite mit den Kerninformationen über das jeweilige Heim.

Offenheit des Heims: Ist das Heim nach außen hin geöffnet?

Gerade wenn Sie aus eigener Kraft nicht mehr oder kaum noch am sozialen Leben außerhalb der Anlage teilnehmen können, ist für Sie entscheidend, wie viel **soziales Leben innerhalb des Heims** stattfindet. Ein großes Plus haben in dieser Hinsicht Heime, an die auch eine Einrichtung des betreuten Wohnens oder eine Begegnungsstätte gekoppelt ist oder die sich für »Draußenlebende« öffnen – beispielsweise durch einen offenen Mittagstisch, ein offenes Café oder durch

Veranstaltungen. »Das bringt in jeder Hinsicht Durchzug in die Einrichtung«, beschreibt eine Altenberaterin die Wirkung dieser Öffnung. Die Offenheit eines Pflegeheims nach außen sollte für Sie ein wichtiges Auswahlkriterium sein. Ob ein Heim gerne Besucher empfängt oder sogar einlädt, ist nicht nur für Ihr eigenes Wohlfühlen wichtig, sondern es erhöht auch die Chance, dass Sie von Bekannten und Verwandten im Pflegeheim besucht werden.

Möglichkeiten des Kennenlernens der Einrichtung

Diese Möglichkeiten werden in der Checkliste des Pflegelotsens abgefragt. Hierdurch erhalten Sie wichtige Informationen darüber, wie Sie selbst das Heim vorab erkunden können. Gefragt wird unter anderem »Gibt es die Möglichkeit der Teilnahme an Mahlzeiten vor dem Einzug«. Die Antwort eines Heims »Wir bieten einen offenen Mittagstisch und Abendbuffets an« ist sicherlich ein positives Signal – und gibt Ihnen zusätzlich die Möglichkeit, bei Bewohnern nachzufragen, ob das Angebot auch gelebter Alltag ist.

Im Pflegelotsen wird auch abgefragt: »Gibt es die Möglichkeiten des Probewohnens?« Über diese Möglichkeit des Kennenlernens eines Heims erfahren Sie im Folgenden noch mehr.

4.7 Worauf sollten Sie bei der Besichtigung des Heims besonders achten?

Im Folgenden einige Tipps, die eher das »**Atmosphärische**« betreffen:

- **Lebendigkeit:** Gehen Sie als Besucher selbst freundlich auf Bewohner zu und achten Sie darauf, wie diese auf Sie reagieren. Werden Sie neugierig betrachtet und gegrüßt oder sitzen die Bewohner eher teilnahmslos und gelangweilt da? Läuft das Radio oder der Fernseher in den Aufenthaltsräumen, ohne dass jemand interessiert hinhört?

- **Tagesrhythmus:** Fragen Sie Bewohner nach Ihren Beschäftigungen – möglichst auch, wie die Abende aussehen. Erkundigen Sie sich bei Bewohnern beispielsweise: Schauen Sie abends auch einmal zusammen Fernsehen oder sitzen Sie noch mit anderen zusammen? Hintergrund: Mitunter werden in Heimen Bewohner bereits kurz nach dem Abendessen – das zudem ziemlich früh stattfindet – »bettfertig« gemacht.
- **Herzlichkeit und Umgang miteinander:** Wie werden Mitarbeiter oder Bewohner begrüßt, wie gehen diese miteinander um? Die Art des Umgangs zwischen Vorgesetzten und Mitarbeitern oder Mitarbeitern und Bewohnern verrät viel über das Klima, das in diesem Hause herrscht.
- **Wohnlichkeit:** Sagt Ihnen die Einrichtung zu? Ist das eine Wohnatmosphäre, in der Sie sich heimisch fühlen können? Lassen Sie sich verschiedene Zimmer zeigen. Bitten Sie gegebenenfalls auch Bewohner, ob Sie in deren Zimmer schauen können.
- **Geruch:** Nutzen Sie bei der Besichtigung alle Ihre Sinne – auch den Geruchssinn. Riecht es deutlich nach Raumsprays oder Ausscheidungen? Liegt Urinduft in der Luft? Dann ist Skepsis geboten. Vermutlich müssen inkontinente Bewohner stundenlang auf den Windelwechsel warten. Für gute Pflegequalität und achtungsvolle Behandlung spricht dies nicht.

4.8 Kann ich Pflegeheime ausprobieren bzw. testen, bevor ich mich für eines entscheide?

Wenn Sie in ein Pflegeheim einziehen möchten, sollten Sie möglichst genau wissen, was Sie dort erwartet. Dies erfahren Sie am besten, wenn Sie vorher unverbindlich am normalen Leben in der Anlage teilnehmen können. Ein »**Tag der offenen Tür**« ist dabei in der Regel nur begrenzt hilfreich.

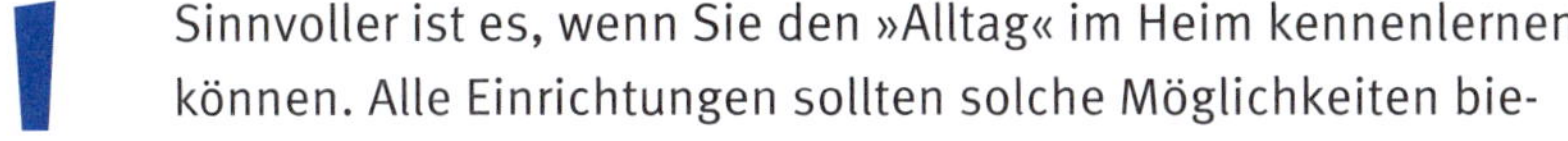

Sinnvoller ist es, wenn Sie den »Alltag« im Heim kennenlernen können. Alle Einrichtungen sollten solche Möglichkeiten bieten – nicht zuletzt auch im eigenen Interesse: Denn wer vorher ausprobieren kann, ob eine Anlage »passt«, ist später in der Regel auch ein zufriedener Heimbewohner.

Infrage kommen eine Reihe von Möglichkeiten: Viele Heime halten Plätze für die **Kurzzeitpflege** vor. Dieses von der Pflegeversicherung teilweise finanzierte Angebot können Pflegebedürftige zur Erprobung eines von ihnen favorisierten Heimes nutzen.

Kurzzeitpflege und die sogenannte **Verhinderungspflege** kommen zum Beispiel infrage, wenn die Pflegeperson, die Sie überwiegend betreut, krank oder in Urlaub ist. Über einen beispielsweise 14-tägigen Aufenthalt in einem Pflegeheim können Sie einen guten Eindruck über die Einrichtung gewinnen. Im Pflegelotsen finden Sie bereits in der Präsentation der Kerndaten eines Heims die Information, ob dieses Zimmer zur Kurzzeitpflege vorhält.

4.9 Darf das von mir gewählte Pflegeheim vor dem Einzug eine Reservierungsgebühr verlangen?

Viele Heime führen lange **Wartelisten.** Am Rande sei erwähnt: eine lange Warteliste spricht eher für ein Heim. Sie ist ein Zeichen dafür, dass das Heim vielfach empfohlen wurde. Doch durch die Eintragung in diese Listen verpflichtet sich niemand zum späteren Einzug. So wird aber das Recht zum Einzug gesichert, wenn in der gewünschten Einrichtung ein Platz frei wird und die Reihe an denjenigen ist, die oben auf der Liste stehen. Falls dann ein Anruf vom Heim kommt, kann die Entscheidung zum Einzug ohne Probleme nochmals aufgeschoben werden.

Kosten fallen für Pflegeheimbewohner erst **ab Einzug** an – und nicht für die Zeit der Reservierung. Das hat der Bundesgerichtshof im Fall eines (inzwischen verstorbenen) privat Pflegeversicherten entschieden, der für die Zeit vor seinem Heimeinzug über 1.000,– € Reservierungsgebühr zahlen musste. Bei gesetzlich Pflegeversicherten war dies ohnehin bereits bisher rechtswidrig. Für Privatversicherte gilt das gleiche Recht, befand der Bundesgerichtshof am 15.7.2021 (Az. III ZR 225/20).

Der Kläger stützte sich auf § 87a SGB XI. Danach wird das **Gesamtheimentgelt** »für den Tag der Aufnahme des Pflegebedürftigen in das Pflegeheim sowie für jeden weiteren Tag des Heimaufenthalts berechnet (Berechnungstag)«. Hierdurch werden, so der BGH, auch Platz- und Reservierungsgebühren ausgeschlossen.

4.10 Ich bin plötzlich durch einen schweren Schlaganfall pflegebedürftig geworden, aber in dem Heim, das ich mir ausgesucht habe, ist kein Platz frei. Was tun?

Sie können einen freien Platz in einem anderen Pflegeheim nutzen, gegebenenfalls können Sie auch ein Kurzzeitpflegeangebot in einem Heim annehmen. Auch wenn Sie einen unbefristeten Heimvertrag unterschreiben, können Sie diesen jederzeit kündigen, wenn ein Platz in dem Heim Ihrer Wahl frei wird. Zwar sieht wahrscheinlich auch der Heimvertrag, der Ihnen zur Unterschrift vorgelegt wird, vor, dass eine Kündigung des Vertrags bis zum dritten Werktag eines Monats bei dem Träger des Pflegeheims eingegangen sein muss, wenn das Vertragsverhältnis zum Ende des Monats beendet werden soll. Dennoch entfällt für Sie auch dann die Zahlungspflicht im zunächst bewohnten Heim, wenn in dem Heim Ihrer Wahl bereits beispielsweise zur Monatsmitte ein Platz frei wird.

Der Bundesgerichtshof hat in einem bereits erwähnten Urteil vom 4.10.2018 entschieden, dass das Pflegeversicherungsgesetz klar regelt, dass die Zahlungspflicht grundsätzlich mit dem Tag des Auszugs oder dem Todestag entfällt und dass diese gesetzlichen Regelungen gegenüber den Regelungen im Heimvertrag vorrangig sind (Az. III ZR 292/17).

4.11 Was sollten Sie bei der Pflegeheimsuche beachten, wenn sich bei Ihrem pflegebedürftigen Angehörigen Demenz entwickelt?

Fortschreitende Demenz ist ein häufiger Grund für den Umzug ins Pflegeheim. Ein erheblicher Teil der Pflegeheimbewohner ist bereits heute mehr oder weniger dement. In einem solchen Fall liegt das Besondere darin, dass die Entscheidung zum Umzug in der Regel nicht vom Betroffenen selbst, sondern vor allem bei recht fortgeschrittener Demenz von Angehörigen getroffen wird.

»Häufig lehnt der Kranke aus seiner allgemeinen Unsicherheit heraus überhaupt jede Veränderung seiner Lebenssituation ab. Er ist meist nicht mehr in der Lage, reflektiert und umfassend einzuschätzen, welche Auswirkungen bestimmte Entscheidungen auf ihn selbst und sein Umfeld haben und welche Entscheidungen notwendig sind«. So beschreibt Günther Schwarz von der Alzheimer Beratung der Evangelischen Gesellschaft Stuttgart die Situation der Kranken und damit auch der Angehörigen. Häufig müssen die Angehörigen dann sogar gegen den momentanen Willen des Kranken einen Umzug in ein Pflegeheim veranlassen.

In der skizzierten Situation liegt es nahe, die schwere Entscheidung zum Umzug lange, zu lange hinauszuschieben. Dies kann sich nicht nur auf den Angehörigen, sondern auch auf den Kranken negativ auswirken. Besser ist es deshalb, die Perspektive Pflegeheim rechtzeitig anzugehen und mit dem Kranken möglichst bereits im Frühstadium diese Perspektive zu besprechen.

Von Erfahrungen anderer Angehöriger profitieren

Viele **Angehörige von Alzheimer-Kranken** sind in **Selbsthilfegruppen** organisiert. Es ist recht wahrscheinlich, dass sie von solchen Initiativen Einschätzungen erhalten können, welche Pflegeheime an Ihrem Wohnort für Demenz-Kranke eher empfehlenswert sind. Ein bundesweites Adressenverzeichnis bietet die Deutsche Alzheimer Gesellschaft e.V. an (unter www.deutsche-alzheimer.de). Hier finden Sie in vielen Fällen Initiativen an Ihrem Wohnort, mit denen Sie Kontakt aufnehmen können. Von Angehörigen von Demenzkranken, die bereits in Heimen leben, dürften Sie die zuverlässigsten Informationen über die jeweiligen Heime erhalten.

Im Pflegelotsen des vdek können Sie als Suchbegriff »spezielle Demenzbetreuung« eingeben und sich Heime mit einem solchen Angebot anzeigen lassen.

Wenn Sie **zur Entscheidungsfindung Heime besuchen** (was in jedem Fall anzuraten ist), sollten Sie auf **folgende Punkte** achten:

- Wie hoch ist der **Anteil der Demenzkranken** in der Einrichtung?
- Gibt es ein **spezielles Betreuungsangebot** für diese?
- Arbeitet **speziell geschultes Personal** mit den Betroffenen?
- Können Demenzkranke ihren oft übermäßigen Bewegungsdrang ausleben? Oder werden sie mit Medikamenten sediert?
- Können die Betroffenen vertraute Dinge (Möbelstücke, Bilder etc.) mit ins Heim nehmen? Dies ist insbesondere für Demenzkranke wichtig.

In vielen Heimen gibt es **spezielle Bereiche für demente Menschen,** die weitgehend abgeschlossen sind. Bei einem Heimbesuch sollten Sie darum bitten, einen solchen Bereich besichtigen zu können. Wir raten Ihnen: Sehen Sie die Separierung der dementen Bewohner in einem eigenen Bereich nicht unbedingt als negativ an. Eine Mischung mit nicht dementen Bewohnern führt mitunter zu

Spannungen, wenn Letztere das Verhalten der Betroffenen nicht verstehen. Auch aus diesem Grund bieten viele Heime spezielle Wohnbereiche für Menschen mit Demenz an.

Bei einer Besichtigung erhalten Sie einen Eindruck davon, ob das Pflegepersonal liebevoll und freundlich mit den Betroffenen umgeht, auch können Sie häufig feststellen, ob die Bewohner sediert wirken.

Spezielle Pflegeeinrichtungen für Demenzkranke, die mehr Mitarbeiter eingestellt haben, haben hierdurch höhere Personalkosten. Deshalb sind sie häufig deutlich teurer als andere Einrichtungen.

Zwangsweiser Umzug ins Pflegeheim kaum möglich

Gerade wenn es um demente Menschen geht, kommt es im Zusammenhang mit dem Umzug ins Pflegeheim zu folgender Situation: Der Umzug ins Pflegeheim wäre dringend angebracht, weil die oder der Betroffene zu Hause sich und andere gefährdet. Unter Umständen kündigt der beauftragte Pflegedienst sogar unter Einhaltung der Kündigungsfrist den Dienstleistungsvertrag, weil er der Ansicht ist, dass die Pflege zu Hause für den Dienstleister nicht mehr zu leisten und verantwortbar ist. Bei Einhaltung der Kündigungsfrist muss der Dienst auch keinen Grund nennen. Aber: Der demente Mensch zeigt keine Einsicht in die »Notwendigkeit« und weigert sich, in ein Heim zu ziehen.

In diesem Fall ist es schwer, einen guten Rat zu geben. Eine **zwangsweise Unterbringung** in einem offenen Pflegeheim ist nicht möglich. Hierzu wird öfters eine Entscheidung des **Oberlandesgerichts Hamm** zitiert, die zwar schon 20 Jahre alt ist, aber von der Tendenz her immer noch Gültigkeit hat: »Für die zwangsweise Unterbringung eines durch Verwahrlosung gefährdeten Betreuten in einem offen geführten Alten- oder Pflegeheim kann eine vormundschaftsgerichtliche Genehmigung nicht erteilt werden, da es dafür keine gesetzliche Grundlage gibt.

Die Übersiedlung kann auch nicht mit Zwangsmaßnahmen durchgesetzt werden. Die Bestimmung des § 1906 BGB gilt nur für geschlossene Unterbringungen und freiheitsbeschränkende Maßnahmen. Eine entsprechende Anwendung auf andere Maßnahmen ist nicht möglich« (OLG Hamm, Beschluss vom 21.10.2002, 15 W 189/02). Mit anderen Worten: Bei akuter und Selbst- und/oder Fremdgefährdung wäre die zwangsweise Unterbringung in einem psychiatrischen Krankenhaus möglich. Regelungen hierzu treffen die Psychisch-Kranken-Gesetze der einzelnen Bundesländer. Für Pflegeheime ist diese Möglichkeit rechtlich ausgeschlossen.

In ähnlichen Fällen ist betreuenden Angehörigen dringend zu raten, kompetenten Rat zu suchen – etwa bei einer Alzheimer-Gesellschaft. Gegebenenfalls kann auch eine Kompromisslösung infrage kommen, die man auch als »Trick« bezeichnen kann: Demente Angehörige wären unter Umständen eher bereit – etwa für den Fall, dass ein betreuender Angehöriger Urlaub nimmt oder auf eine Dienstreise geht, auf jeden Fall zeitweise nicht für die Betreuung und Versorgung des dementen Menschen zur Verfügung steht – eine kurze Zeit der Heimpflege hinzunehmen. Gegebenenfalls lebt sich der Betroffene in der kurzen Zeit des Heimaufenthalts gut in der ausgewählten Einrichtung ein und fühlt sich sogar wohler als vorher zu Hause.

In solchen Fällen kann es im Übrigen hilfreich sein, wenn die Betroffenen bereits in einem früheren Krankheitsstadium eine Kurzzeitpflege in Anspruch genommen haben – jedenfalls dann, wenn sie dort gute Erfahrungen gemacht haben.

5 Gesetzliche und vertragliche Regelungen für die Heimpflege

5.1 Wohn- und Betreuungsvertragsgesetz (WBVG)

Auf Bundesebene schafft das WBVG den gesetzlichen Rahmen für die Verträge in Pflegeheimen (Heimvertrag) und darüber hinaus in allen betreuten Wohnformen. Es ist für alle Verträge zwischen Bewohnern und Unternehmen anwendbar, die eine **Kombination von Wohnraum und Pflege- oder Betreuungsleistungen** anbieten. Das Gesetz trat 2009 in Kraft und wurde seitdem mehrfach modifiziert.

Wichtige Regelungen des WBVG sind unter anderen:

- Vor Abschluss eines Heimvertrags haben Interessenten Anspruch auf schriftliche vorvertragliche Informationen über **Leistungen und Entgelte** in leicht verständlicher Sprache.
- Der Vertrag muss **schriftlich** und in der Regel unbefristet abgeschlossen werden. Eine Befristung ist nur möglich, wenn Sie den Interessen der Bewohner nicht widerspricht.
- Die angebotenen und »gebuchten« Leistungen und die dafür zu zahlenden Entgelte müssen **genau beschrieben** werden.
- Bewohner können bei **»Nichtleistung oder Schlechtleistung«** für bis zu sechs Monate rückwirkend eine Entgeltkürzung verlangen.
- Aus dem Heimvertrag muss hervorgehen, ob der Heimträger bereit ist, am **Verbraucherschichtungsverfahren** vor der Universalschlichtungsstelle des Bundes teilzunehmen.
- Bei einer **Abwesenheit des Bewohners von mehr als drei Tagen** mindert sich das Entgelt, das der Unternehmer verlangen kann, um »den Wert der dadurch ersparten Aufwendungen«.
- Heimbewohner können Heimverträge **ordentlich und außerordentlich kündigen.** Für Heimbetreiber gilt dagegen nur ein eingeschränktes Kündigungsrecht.

5.2 Heimrechtliche Gesetze und Verordnungen

Die **Bundesländer** sind für die ordnungsrechtlichen Regelungen zuständig und haben entsprechende **heimrechtliche Gesetze und Verordnungen** erlassen. Die Regelungen sind zum Teil sehr detailliert und unterscheiden sich zwischen den Bundesländern.

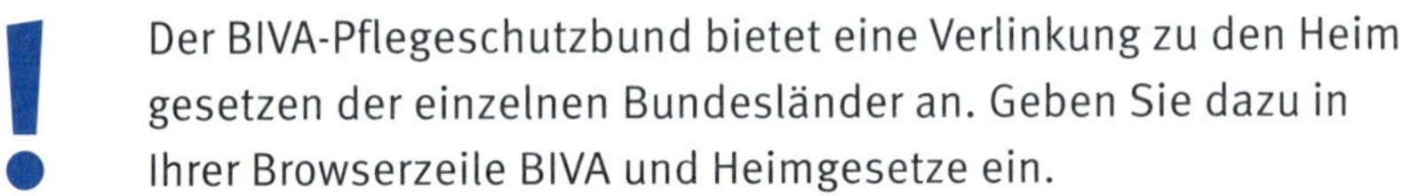

Der BIVA-Pflegeschutzbund bietet eine Verlinkung zu den Heimgesetzen der einzelnen Bundesländer an. Geben Sie dazu in Ihrer Browserzeile BIVA und Heimgesetze ein.

In Nordrhein-Westfalen, dem einwohnerstärksten Bundesland, regelt zum Beispiel die »**Verordnung zur Durchführung des Wohn- und Teilhabegesetzes**« Folgendes:

- **WC plus Dusche:** Jedem Zimmer muss ein eigenes Duschbad mit WC zugeordnet sein. Sogenannte Tandemlösungen, bei denen ein Bad für zwei Nutzerinnen oder Nutzer errichtet wird, sind ausnahmsweise zulässig.
- **Zimmergröße:** Jedes Einzelzimmer muss mindestens 14 m^2 groß sein (ohne Bad). Bei Doppelzimmern sind mindestens 24 m^2 vorgeschrieben.
- Bei den Zimmern darf es sich nicht um **Durchgangszimmer** handeln.

In den Heimgesetzen der anderen Bundesländer finden sich vergleichbar konkrete Regelungen.

5.3 Der Heimvertrag

Verträge sollten vor der Unterzeichnung erst einmal genauer überprüft werden. Konsequenterweise sollte nichts unterschrieben werden, was nicht verstanden wurde. Diese Regeln gelten bei Heimverträgen in besonderer Weise. Denn klar ist: Wenn Sie in ein Heim einziehen, sind Sie in weit stärkerem Maße vom Vertragspartner abhängig, als das beispielsweise bei Mietern der Fall ist. Gleichzeitig sind Sie vielleicht aufgrund gesundheitlicher Einschränkungen bereits weniger in der Lage wie in früheren Zeiten, Ihre Interessen offensiv zu vertreten.

Gehen Sie den Heimvertrag in jedem Fall genau durch und lassen Sie sich dabei von Angehörigen oder Vertrauten beraten. Markieren Sie alle Formulierungen oder Verweise auf Gesetze, die Sie nicht verstehen. Lassen Sie sich die Unklarheiten erklären und bestehen Sie gegebenenfalls auf einer Konkretisierung des Vertrags.

Auf **folgende Punkte** sollten Sie **beim Vertragsabschluss besonders achten:**

- **Ausschluss Leistungsanpassung:** Häufig benötigen Pflegebedürftige umso mehr Pflege, je länger sie im Heim leben. Das muss nicht so sein, aber es kommt deutlich öfter vor als der umgekehrte Fall. Wichtig für Sie ist deshalb: Sie sollten sich darauf verlassen können, dass Sie beispielsweise bei einer fortgeschrittenen Demenz Ihren Heimplatz nicht verlieren. Genau das ist in der Regel auch garantiert. Denn Sie haben einen **Rechtsanspruch,** dass die Pflegeleistungen des Heims an das aktuelle Ausmaß Ihrer Pflegebedürftigkeit angepasst werden – übrigens: ohne dass sich hierdurch das von Ihnen zu zahlende Heimentgelt ändert. Es gibt allerdings eine Ausnahme: Bereits bei Vertragsabschluss kann nämlich vereinbart werden, dass beispielsweise bei fortgeschrittener Demenz keine Abänderung der Pflegeleistungen erfolgt. Dies ist nach § 8 Abs. 4 WBVG grundsätzlich möglich. Enthält der Vertrag eine entsprechende Klausel, so besteht die Gefahr, dass Sie später gezwungen sein könnten, das Heim zu wechseln, weil dieses die für Sie notwendige Pflege und Betreuung nicht erbringen kann.

Achten Sie darauf, ob der Ihnen vorgelegte Heimvertrag eine entsprechende Ausschlussklausel enthält.

- **Vertragliches Leistungsangebot ist verbindlich:** Im Heimvertrag sind die Leistungen aufgeführt, die das Heim für Sie bereitstellt. Sie sind Vertragspartner und zahlen genau für die festgelegten Leistungen. Ist im Vertrag festgelegt, dass das Heim – dies gibt es mitunter – ein Schwimmbad anbietet, dann ist es auch verpflichtet, das Schwimmbad zu unterhalten. Ist dort festgelegt, dass Ihnen »die notwendigen Getränke (Kaffee, Tee, Mineralwasser, Saft, Milch) zur Deckung des täglichen Flüssigkeitsbedarfs im erforderlichen Umfang kostenfrei zur Verfügung gestellt« werden – so die Formulierung in einem Kölner Heimvertrag, dann haben Sie auch genau hierauf Anspruch. Das Heim darf dann nicht beispielsweise die Versorgung mit Kaffee einstellen und Sie darauf verweisen stattdessen aus einem Automaten kostenpflichtig Kaffee zu ziehen.

! Erstellen Sie sich eine übersichtliche Liste der Leistungen, die das Heim Ihnen vertraglich zusichert. Soweit zugesicherte Leistungen nicht vorgehalten werden, haben Sie gegebenenfalls Anspruch auf eine Entgeltminderung.

- **Abweichungen von vorvertraglichen Informationen:** Das Heim muss Ihnen noch vor Aushändigung des Heimvertrags vorvertragliche schriftliche Informationen in leicht verständlicher Sprache über sein Leistungsangebot und insbesondere über die für Sie persönlich in Betracht kommenden Leistungen geben. Die hier zugesagten Leistungen sind verbindlich, mit einer wichtigen Ausnahme: Wenn im Heimvertrag ausdrücklich von den vorvertraglich schriftlichen Informationen abgewichen wird. Hierauf sollten Sie im Heimvertrag besonders achten.

Vorvertraglich war vereinbart: »Ihnen wird ein Zimmer im Wohnbereich 1 mit Terrassenzugang neben Herrn B. zur Verfügung gestellt«. Wenn das Heim von dieser Zusage abweichen will, muss dies ausdrücklich im Heimvertrag kenntlich gemacht werden.

- **Im »Informationsgespräch« gemachte Zusagen:** Schwieriger wird es, wenn Ihnen Zusagen nicht in den offiziellen vorvertraglichen Informationen, sondern eher informell im Aufnahmegespräch gemacht wurden. Möglicherweise ist Ihnen hier ein Zimmer in Süd- oder Westlage informell zugesagt worden oder Ihnen wurde erklärt, dass Sie Ihre Katze mit ins Heim nehmen können. Falls diese Zusagen nicht im Heimvertrag auftauchen, werden Sie es auf jeden Fall schwer haben, Ihre Rechte durchzusetzen.

Verlangen Sie in jedem Fall, dass mündlich gemachte, für Sie wichtige Zusagen, in den Heimvertrag aufgenommen werden.

Interessenvertretung bei Pflege und Betreuung (BIVA) bietet Vertragsprüfung an

Angesichts der Bedeutung, die einem Heimvertrag zukommt, sei es erstaunlich, wie wenig sich Pflegebedürftige und ihre Angehörigen mit dem Heimvertrag beschäftigen, erklärt die BIVA aus langjährigen Erfahrungen in der Beratung von Pflegebedürftigen und in Konflikten mit Heimträgern. Der **BIVA-Pflegeschutzbund** ist die wohl wichtigste Verbraucherorganisation im Pflegebereich. »BIVA« steht für **Bundesinteressenvertretung für alte und pflegebetroffene Menschen**. Vergleiche man den Vertragsschluss etwa mit einem Autokauf, seien Angehörige und Pflegebedürftige dabei erstaunlich sorglos.

Die BIVA bietet professionelle Vertragsprüfungen von ambulanten wie stationären Pflegeverträgen an. Eine solche Prüfung durch einen Juristen des BIVA-Beratungsdienstes kostet pauschal 60,– €. Eine Vertragsprüfung ist jedoch nur für BIVA-Mitglieder möglich. Die Mitgliedschaft kostet 48,– € pro Jahr.

Die **Vertragsprüfung beinhaltet:**

- Eine **Analyse des kompletten Pflegevertrags** inklusive der vorvertraglichen Informationen und Anlagen.
- Eine **Prüfung der Wohnform** (mitunter nur im Vertrag ersichtlich). Je nach Ergebnis eine Prüfung, ob die Regelungen mit den gesetzlichen Vorgaben durch das Wohn- und Betreuungsvertragsgesetz WBVG konform sind.

Als Ergebnis der Prüfung erhalten Sie eine Vertragsbewertung und eine übersichtliche Auflistung dessen, was Sie noch klären sollten und was vor Unterzeichnung noch angesprochen werden sollte.

6 Überblick über wichtige Gerichtsurteile zu Streitfällen in Pflegeheimen

Recht häufig beschäftigten sich die Gerichte in den letzten Jahrzehnten mit **Streitfällen in Pflegeheimen.** Den Rechtsweg können die Betroffenen selbst und gegebenenfalls deren Angehörige einschlagen, zum Teil klagen aber auch Sozialversicherungen Behandlungskosten ein, die ihnen im Zusammenhang mit Unfällen in Pflegeheimen entstehen.

Generell kommt es zu rechtlichen Streitigkeiten häufig im Zusammenhang mit Stürzen bzw. (ggf. unterlassenen) Maßnahmen zur Verhinderung von Stürzen (ggf. durch freiheitseinschränkende Maßnahmen wie Bettgitter). Der Trend der gerichtlichen Entscheidungen geht dabei dahin, dass der Spielraum der Heime für freiheitsbeschränkende Maßnahmen immer kleiner wird, während dem **Selbstbestimmungsrecht der Pflegebedürftigen** ein immer stärkeres Gewicht gegeben wird. Im Folgenden werden in Kürze einige Urteile vorgestellt, die Übersicht beginnt mit den »Sturzurteilen«.

Landgericht Heilbronn: Haftung nach Sturz

Das Gericht urteilte zur Haftung des Heimbetreibers, nachdem sich eine Bewohnerin bei einem Sturz aus dem Bett einen Oberarmbruch zugezogen hatte: Es befand: »Ein Altenheimbetreiber ist aus dem geschlossenen Heimvertrag verpflichtet, pflegebedürftige Heimbewohner sachgerecht zu betreuen und einer Gefährdung bzw. Verletzung der Bewohner entgegenzuwirken. Die notwendigen Maßnahmen bestimmen sich nach dem Zustand des Betroffenen«. Im entschiedenen Fall brauchte eine Heimbewohnerin beim Aufstehen und Zu-Bett-gehen Hilfe von Pflegekräften. Sie war teilweise verwirrt und nahm die Hilfe öfters nicht in Anspruch. Auch deshalb war sie bereits dreifach in kurzer Zeit nachts gestürzt, bevor sich der folgenschwere Sturz ereignete.

Das Gericht befand, dass ein Heimbetreiber die ihn treffenden Betreuungspflichten verletzt, »wenn er keinerlei Sicherheitsmaßnahmen gegen einen Sturz der Heimbewohnerin aus dem Bett ergreift (z.B. Anbringung eines Bettgitters oder Fixierung)«. Es habe akute Sturzgefahr bestanden. Der Ernst der Lage hätte es geboten, »gegebenenfalls unter Einschaltung eines Arztes, der Heimleitung oder auch des Neffen oder anderer Vertrauenspersonen das intensive Gespräch mit der Geschädigten zu suchen und in diesem Zusammenhang nochmals eindringlich darauf hinzuwirken, dass sie vielleicht doch ihr Einverständnis zum Hochziehen des Bettgitters in der Nachtzeit erteilt«.

Hätten auch diese Gespräche nicht zum Erfolg geführt, hätte das Vormundschaftsgericht eingeschaltet werden müssen, um einen vorläufigen Betreuer einzusetzen. Dieser hätte einen Antrag auf Genehmigung des Hochziehens des Bettgitters gemäß § 1906 Abs. 4 BGB stellen können. »Im Eilfall hätte das Gericht eine solche Maßnahme ohne vorherige Bestellung eines Betreuers auch selbst anordnen können«, erklärte das Landgericht.

Über die genaue Höhe des Schadensersatzes, gefordert waren 86.000,– €, entschied das Gericht nicht. Darüber zu befinden, wurde der Vorinstanz überlassen. Über die gezahlte Entschädigungssumme ist nichts bekannt (LG Heilbronn, Urteil vom 15.7.2004, 2 O 31/04).

Landgericht Mönchengladbach: Haftung nach Sturz

Über einen fast identischen Fall urteilte das Landgericht Mönchengladbach. Auch hier ging es um einen Sturz einer pflegebedürftigen Heimbewohnerin, der nach Ansicht des Gerichts beispielsweise durch das Anbringen von Bettgittern hätte verhindert werden können.

Das Gericht erklärte dazu: »Der Beklagten [dem Heimträger] ist zwar zuzugeben, dass die aufgezählten Maßnahmen aufgrund ihres freiheitsentziehenden Charakters der Genehmigung durch das Vormundschaftsgericht bedürfen, so dass die Beklagte nicht berechtigt war, diese Vorsorgemaßnahmen von sich aus zu ergreifen. Die Beklagte muss sich jedoch vorwerfen lassen, dass sie trotz der schon bei Aufnahme der Bewohnerin und zum Zeitpunkt ihrer Begutachtung durch den medizinischen Dienst noch immer bestehenden nächtlichen Sturzgefahr beim selbstständigen Umsetzen auf den Toilettenstuhl keinen entsprechenden Genehmigungsantrag beim Vormundschaftsgericht zum Schutz der Frau eingereicht hat« (LG Mönchengladbach, Urteil vom 24.10.2003, 2 S 81/03).

Oberlandesgericht Dresden und Bundesgerichtshof: Haftung nach Sturz abgewiesen

Auch in diesen Verfahren ging es um einen »Sturzfall«, der zudem durch alle Instanzen der Zivilgerichtsbarkeit ging. Die AOK Sachsen hatte gegen einen Pflegeheimbetreiber die Erstattung von 86.000,– € Behandlungskosten für die Behandlung einer 85-jährigen Frau verlangt, die im März 2000 in ihrem Zimmer gestürzt war und sich eine schwere Halswirbelfraktur zugezogen hatte. Drei Monate später erlag sie ihren Verletzungen. In diesem Fall kippte der BGH allerdings die Entscheidungen der Vorinstanzen, die den Pflegeheimbetreiber in der Zahlungspflicht sahen, und wies die Entscheidung an das OLG Dresden, das zuvor das die AOK belastende Urteil gefällt hatte, zurück. Der BGH betonte Würde und Selbstbestimmungsrecht der Betroffenen und sah keine hinreichende Grundlage für den Vorwurf gegen den Träger des Heims auf eine Pflichtverletzung.

Das OLG folgte dann der Vorgabe des BGH und befand, »bei den zu ergreifenden Maßnahmen sei aber das Selbstbestimmungsrecht und die Würde des Heimbewohners zu wahren«. Zunächst sei es Sache eines Heimträgers, den Heimbewohner auf die Gefahrenlage hinzuweisen und ihm aufzuzeigen, welche Maßnahmen der Sturzprophylaxe in Betracht kämen. Dabei habe der Heimträger ggf. auch die in Betracht kommenden technischen Möglichkeiten zu demonstrieren, um hierdurch eine Scheu vor einer Veränderung der gewohnten Verhältnisse abzubauen.

Zeige sich ein Heimbewohner aber auch eindringlichen Ratschlägen gegenüber unzugänglich, könnten gegen dessen Willen Vorkehrungen, die das Selbstbestimmungsrecht des Heimbewohners beeinträchtigten, nicht ergriffen werden. Auch sei den Pflegekräften bei der Entscheidung darüber, wie nachhaltig einem Heimbewohner Vorsorgemaßnahmen empfohlen würden, ein gewisser **Beurteilungsspielraum** zuzubilligen. Im verhandelten Fall habe auch kein Anlass für ein Einschalten des Vormundschaftsgerichts bestanden (OLG Dresden, Urteil vom 17.1.2006, 2 U 753/04 und BGH, Urteil vom 14.7.2005, III ZR 391/04).

Bundesgerichtshof: Vorsorgevollmacht reicht nicht für Bettgitter-Installation

§ 1906 Bürgerliches Gesetzbuch (BGB) trägt in der aktuellen Fassung die Überschrift **»Genehmigung des Betreuungsgerichts bei freiheitsentziehender Unterbringung und bei freiheitsentziehenden Maßnahmen«.** Die Regelung soll für den Schutz von Kranken und Pflegebedürftigen sorgen. Das BGB regelt, dass alle Zwangsmaßnahmen (etwa Unterbringung in der Psychiatrie) nur mit Genehmigung des Betreuungsgerichts durchgeführt werden dürfen. Ausdrücklich bezieht Absatz 4 auch den Fall ein, dass Patienten und Pflegebedürftigen »durch mechanische Vorrichtungen, Medikamente oder auf andere Weise über einen längeren Zeitraum oder regelmäßig die Freiheit entzogen werden soll«.

Genau solche Maßnahmen wurden im Falle einer schwer pflegebedürftigen Frau, die in einem Pflegeheim lebte, angewandt. Nachdem sie mehrfach aus einem Stuhl oder ihrem Bett auf den Boden gefallen war und sich dabei Verletzungen zugezogen hatte, willigte ihr Sohn ein, Gitter an ihrem Bett zu befestigen und sie tagsüber mit einem Beckengurt im Rollstuhl zu fixieren. Strittig war, ob der Sohn die Genehmigung von sich aus – ohne Einschaltung des Gerichts – erteilen konnte. Denn genau dieses Recht war ihm von seiner Mutter in einer notariell beglaubigten Vorsorgevollmacht erteilt worden.

Der BGH befand jedoch, dass auch in diesem Fall die Zustimmung des Sohnes zu den Zwangsmaßnahmen nicht ausreichend sei. Zum Schutz der Betroffenen müsse das Betreuungsgericht überprüfen, ob die Vollmacht auch im Sinne der Betroffenen ausgeübt werde (BGH, Urteil vom 27.6.2012, XII ZB 24/12).

Bundesverfassungsgericht: Bestätigung des BGH-Urteils

Gegen das vom BGH bestätigte Erfordernis einer gerichtlichen Genehmigung für die Einwilligung des Vorsorgebevollmächtigten in ärztliche Sicherungs- und Zwangsmaßnahmen wurde Verfassungsbeschwerde beim Bundesverfassungsgericht eingelegt. Dieses befand: Die entsprechende Regelung ist mit dem Grundgesetz vereinbar. Im Rahmen der Erteilung einer Vorsorgevollmacht könne »nicht wirksam auf das Erfordernis der gerichtlichen Genehmigung verzichtet werden« (BVerfG, Beschluss vom 10.6.2016, 2 BvR 1967/12).

Amtsgericht Frankfurt: Freiheitsentziehende Maßnahmen nur als letztes Mittel

Ehe einem Betreuer zugestanden wird, einer freiheitsentziehenden Maßnahme zuzustimmen, muss zunächst geprüft werden, ob »mildere Mittel« zur Verfügung stehen. Das könnte zum Beispiel – wenn dies nicht ohnehin vorhanden sei – ein absenkbares und auf eine niedrige Höhe eingestelltes Pflegebett sein (AG Frankfurt/Main, Beschluss vom 29.11.2012, 49 XVII HOF 3023/11).

Amtsgericht Paderborn: Pflegegitter können sogar gefährlich sein

Auch hier ging es um die Klage einer Krankenkasse gegen ein Pflegeheim auf Erstattung von ca. 4.000,– € Behandlungskosten, die angefallen waren, weil eine Bewohnerin aus ihrem Bett gestürzt war. Das Gericht sah keinen Nachweis dafür, dass der Heimbetreiber seine Pflichten vernachlässigt habe, und stellte in Analyse der

»jüngeren Rechtsprechung« fest, »dass ein Bettgitter bei bestimmter Sachverhaltslage kontraindiziert sein kann, weil es im Ergebnis nicht der Gefahrenabwehr dient, sondern sogar eine **zusätzliche Gefahrenquelle,** verbunden mit einem Risiko schwerer Stürze, darstellen kann. So ist ein Bettgitter hiernach kontraindiziert bei einem erheblichen Bewegungsdrang des Bewohners, bei mangelnder Einsicht in das Krankheitsbild und insbesondere, wenn sich der Bewohner massiv gegen diese Maßnahme wehrt und versucht, das Bettgitter zu überwinden« (AG Paderborn, Urteil vom 26.4.2011, 57 C 680/08).

Landgericht Hamburg: Zimmerwechsel

»Die Bewohnerin/der Bewohner ist mit einem Umzug in ein anderes Zimmer einverstanden, falls dies nach begründeter Erklärung der Einrichtung aus zwingendem betrieblichem oder pflegerischem Anlass erforderlich ist«. So lautete eine Regelung in einem Hamburger Heimvertrag, den ein Pflegebedürftiger unterschrieben hatte. Das LG Hamburg befand, diese Klausel sei unwirksam. Grundsätzlich könne ein Wechsel des Wohnraums nur im Einvernehmen mit dem Bewohner geschehen, da dieser einen vertraglichen Anspruch auf die ihm überlassene Unterkunft habe. Die zitierte Klausel richte sich einseitig an den betrieblichen Interessen des Heimes aus, ohne das Interesse des Heimbewohners an einem festen räumlichen Lebensmittelpunkt ausreichend zu berücksichtigen (LG Hamburg, Urteil vom 15.8.1997, 324 O 354/97).

Oberlandesgericht Oldenburg: Schadensersatz wegen gefährlicher Pflege

Die Zusammenfassung dessen, was eine 65-jährige Alzheimer-Kranke als Folge eines im Pflegeheim schlecht oder gar nicht versorgten Dekubitus erlitten hat, liest sich so:

»Im Januar 1998 wurde sie in ein Krankenhaus eingeliefert, wo man im Bereich des Steißbeins einen Dekubitus 4. Grades mit abgestorbenem Gewebe (Nekrosen) auf einer Fläche von 10 cm mal 5 cm feststellte. Ein Teil des Steißbeins war bereits dabei, sich aufzulösen. Sie wurde operiert, das abgestorbene Gewebe und ein Teil des Steißbeins wurden entfernt. Wegen der faustgroßen Wundhöhle musste ein künstlicher Darmausgang gelegt werden«, so das OLG Oldenburg.

Die Betroffene (vertreten durch ihren Ehemann) kündigte wegen mangelhafter Pflege den Vertrag mit dem Heim fristlos und verklagte den Heimbetreiber auf Zahlung von Schmerzensgeld. Das OLG befand, dass in diesem Fall grobe Pflegefehler vorlägen und gestand der Betroffenen 35.000,– € Schmerzensgeld zu. O-Ton OLG: »Die Behandlung der Klägerin im Heim des Beklagten verstößt auch nach der Ansicht des Senats eindeutig gegen bewährte Pflegebehandlungsregeln und ist deshalb ein Fehler, der aus objektiver Sicht nicht mehr verständlich erscheint, weil er einem Pfleger einfach nicht unterlaufen darf. Das Pflegepersonal hat zu spät den Dekubitus erkannt, die Klägerin nicht einem Arzt vorgestellt und geeignete Maßnahmen (Dekubitusprophylaxe) nicht durchgeführt« (OLG Oldenburg, Urteil vom 14.10.1999, 1 U 121/98).

Bundesgerichtshof: Einzelzimmerzuschlag im Heim muss vorab vereinbart werden

Die Forderung, über die vor dem BGH gestritten wurde, war beträchtlich: Es ging um 55.000,– €, die die Erben einer inzwischen verstorbenen Pflegebedürftigen vom Betreiber des Pflegeheims zurückverlangten, in dem die Verstorbene in ihren letzten fünf Jahren gelebt hatte. Konkret ging es um Einzelzimmerzuschläge, die das Heim erhoben hatte. Die Kläger hatten für die Frau, die künstlich ernährt werden musste, jahrelang einen täglichen Zuschlag fürs Einzelzimmer in Höhe von 30,– € verlangt. Am Rande: Inzwischen sind in vielen Fällen Einzelzimmer in Heimen Standard. Hierdurch werden die Unterkunftskosten mit Sicherheit höher. Ein Extra-Zuschlag wird jedoch meist nicht verlangt.

Zurück zur BGH-Entscheidung: Das Gericht gab den Klägern recht und gestand ihnen einen Rückzahlungsanspruch in Höhe von 55.000,– € zu. Es bezog sich dabei auf § 88 Abs. 2 SGB XI. »Die Gewährung und Berechnung von Zusatzleistungen ist danach nur zulässig, wenn die angebotenen Zusatzleistungen nach Art, Umfang, Dauer und Zeitabfolge sowie die Höhe der Zuschläge und die Zahlungsbedingungen vorher schriftlich zwischen dem Pflegeheim und dem Pflegebedürftigen vereinbart worden sind«.

Genau dies war im entschiedenen Rechtsstreit nicht der Fall. Der BGH befand: Von einem Heimträger, der eine Vielzahl solcher Verträge abschließe, könne erwartet werden, dass er selbst auf eine formgerechte Vereinbarung achte (BGH, Urteil vom 13.10.2005, III ZR 400/04).

Oberlandesgericht Schleswig: Verbrennung durch heißen Tee

In diesem Fall erhob die Krankenkasse des Opfers Klage gegen einen Heimbetreiber, um von diesem 85.916,– € Behandlungskosten zurückerstattet zu bekommen. Das OLG gab der Kasse recht, weil ein schwerer Pflegefehler vorgelegen habe. Vorgefallen war Folgendes: Eine Gruppe von überwiegend demenzkranken Heimbewohnern saß nach dem Mittagessen unbeaufsichtigt zusammen. Das Pflegepersonal hatte zuvor Thermoskannen mit heißem Tee abgefüllt und auf die Fensterbank gestellt. Was danach genau geschah, lässt sich nicht vollständig rekonstruieren. Im Ergebnis erlitt eine schwer pflegebedürftige 73-jährige Frau durch verschütteten Tee schwere Verbrennungen an den Oberschenkeln, die unter anderem Hauttransplantationen erforderlich machten.

Das OLG befand: »Es war für das Pflegepersonal vorhersehbar, dass sich ein in diesem Aufenthaltsraum befindlicher anderer Bewohner einer Thermoskanne bemächtigt, um dann der alten Dame Tee einzuschenken, den sie entweder beim Ansetzen zum Trinken verschüttet, oder aber es beim Verschütten durch diesen weiteren Bewohner zu erheblichen Verbrühungen kommt«.

Dem Heimbetreiber sei es ohne erheblichen finanziellen Aufwand möglich gewesen, das vorhersehbare Schadensgeschehen abzuwenden. So hätte es ausgereicht, dass das Personal bei Verlassen des Aufenthaltsraumes diese Thermoskannen schlicht mitnimmt, um damit eine Gefahr abzuwenden, der die Heimbewohnerin ansonsten ausgeliefert gewesen wäre (OLG Schleswig, Urteil vom 31.5.2013, 4 U 85/12).

Oberlandesgericht Hamm: Bei Heimwechsel wegen Pflegefehlern muss das frühere Heim unter anderem für Umzugskosten aufkommen

»Die ärztlich angeordnete Medikation eines Abführmittels darf bei einer Durchfallerkrankung nicht fortgesetzt werden.« Dies ist der fast profane Leitsatz des OLG-Urteils. Dass bei einer Durchfallerkrankung Abführmittel alles andere als hilfreich sind, erschließt sich auch medizinischen Laien. Und so befand das OLG, dass dem Pflegeheim, in dem die inzwischen verstorbene Pflegebedürftige lebte, **»pflichtwidrige Versäumnisse bei der Pflege«** vorzuwerfen seien, die zu einem extremen Flüssigkeitsmangel führten. Das Gericht befand, dass aufgrund dieser Pflegemängel und des Leids, das hierdurch verursacht wurde,

- die von den Kindern der Betroffenen vorgenommene fristlose Kündigung des Heimvertrags ihrer Mutter rechtens war,
- das Heim zur Zahlung eines Schmerzensgelds in Höhe von 2.500,- an die Erben der Verstorbenen verpflichtet ist,
- das Heim darüber hinaus die Kosten des Umzugs der Betroffenen zu übernehmen hat (OLG Hamm, Urteil vom 25.6.2013, I-26 U 90/09).

Hessischer Verwaltungsgerichtshof: Kein Zusatzentgelt für Wäschekennzeichnung

»Die Wäschekennzeichnung in Pflegeheimen ist als Teil der Regelleistung »**Wäscheversorgung**« mit den Pflegesätzen abgegolten und nicht als Zusatzleistung gesondert zu vergüten«, lautet der Leitsatz des VGH-Urteils.

Und darum ging es: In den Wäschereien von Altenpflegeheimen stellt sich immer wieder die Frage, wie die gewaschenen Textilien eindeutig den Besitzern zugeordnet werden können. Dazu gibt es verschiedene Methoden – von Sticketiketten bis hin zu Barcodes. Vor dem hessischen Verwaltungsgerichtshof wurde darüber gestritten, ob für die Wäschekennzeichnung ein zusätzliches Entgelt in Höhe von 50,– € verlangt werden darf. Die hessische Heimaufsichtsbehörde hatte diese Praxis eines Pflegeheims gerügt und angeordnet, hiervon Abstand zu nehmen.

Hiergegen erhob der Träger eines Heims Klage und verlor vor dem Hessischen VGH. Das Gericht befand: »Die streitige Erhebung eines Zusatzbeitrags durch den Kläger für die Kennzeichnung der Wäsche seiner Heimbewohner stellt einen heimrechtlichen Mangel« dar. Diese Praxis verstößt gegen das Hessische Pflege- und Betreuungsgesetz (Hess. VGH, Urteil vom 8.8.2013, 10 A 902/13).

Oberlandesgericht Frankfurt/Main: Minderung des Heimentgelts bei Mängeln

Genau wie Mieter können grundsätzlich auch Heimbewohner das Entgelt mindern, wenn Mängel im Pflegeheim vorliegen. **Entgeltkürzungen bei Heimverträgen** sind im Gesetz vorgesehen, wenn ein individueller Mangel vorliegt, das heißt, man muss davon persönlich beeinträchtigt sein.

§ 10 WBVG beschäftigt sich mit »**Nichtleistung oder Schlechtleistung**«. Absatz 1 regelt: »Erbringt der Unternehmer die vertraglichen Leistungen ganz oder teilweise nicht oder weisen sie nicht unerhebliche Mängel auf, kann der Verbraucher unbeschadet weitergehender zivilrechtlicher Ansprüche bis zu sechs Monate rückwirkend eine angemessene Kürzung des vereinbarten Entgelts verlangen«.

Allerdings: Eine Minderung des Heimentgelts bei Mängeln ist ausgeschlossen, wenn der Mangel nicht konkret benannt wird. Deshalb hat das OLG Frankfurt/Main einem Heimbetreiber recht gegeben, der eine Bewohnerin, die das Entgelt gemindert hatte, auf Zahlung des ungeminderten Gesamtentgelts verklagt hatte. Die Betroffene hatte das Entgelt gemindert, weil die Personalausstattung des Heims unzureichend gewesen sein soll. Sie hatte aber nicht dargelegt, worin die konkrete Schlechtleistung bestand. Notwendig wäre gewesen, dass sie ausgeführt hätte, zu welchen Zeiten welche Pflichten konkret verletzt wurden (OLG Frankfurt/Main, Urteil vom 30.10.2013, 1 U 153/12).

Amtsgericht Spaichingen: Hausverbot gegenüber Ehemann abgelehnt

Konflikte mit Angehörigen von Pflegebedürftigen sollen sogar manchmal zur Kündigung des Heimvertrags durch den Heimbetreiber führen oder zum Hausverbot für den Angehörigen. Im Fall, über den in Spaichingen verhandelt wurde, war gegen eine Ehefrau ein Hausverbot verhängt worden, die ihren pflegebedürftigen Ehemann täglich von 9:00 Uhr früh bis abends besuchte. Nach Darstellung des Heims soll sie Personal angeschrien haben und auch verhindert haben, dass ihr Ehemann die verordneten Medikamente erhalten habe. Darüber hinaus habe sie Mitarbeiter und Bewohner der Einrichtung fotografiert. An einem Tag habe es eine lautstarke Auseinandersetzung vor dem Zimmer des Ehemannes gegeben. Dabei habe die Ehefrau auf eine Kopfverletzung ihres Ehemannes hingewiesen, wobei sie aus Sicht der Heimbeschäftigten diese Verletzung selbst ihrem Ehemann zugefügt habe und dies auf das Pflegepersonal habe schieben wollen.

Das Amtsgericht hob das Hausverbot auf, allerdings weniger aus grundsätzlichen Erwägungen, sondern wegen der unklaren Beweislage. Es fehle an konkreten Angaben, wann und wie die Ehefrau das geschilderte Verhalten an den Tag gelegt habe. Durchweg seien die Angaben des Heimbetreibers ungenau. Auch Zeugen seien nicht konkret benannt worden (AG Spaichingen, Urteil vom 13.1.2016, 2 C 477/15).

Oberverwaltungsgericht Berlin-Brandenburg: Besuchsrechtseinschränkung wegen Corona rechtens

Das Gericht wies einen Eilantrag gegen Einschränkungen des Besuchsrechts in Pflegewohnheimen durch die Coronavirus-Verordnung Brandenburg als unbegründet zurück.

Das OVG befand, die angegriffenen Besuchseinschränkungen zum Schutz des in Pflegewohnheimen lebenden, durch das Coronavirus besonders gefährdeten Personenkreises seien bei summarischer Prüfung durch das Infektionsschutzgesetz gedeckt und mit dem Grundgesetz vereinbar. Dass anderweitige Schutzmaßnahmen die insoweit drohenden Gefahren hinreichend sicher vermeiden könnten, lasse sich derzeit nicht feststellen. Bei dieser Sachlage hielten sich die angeordneten Besuchseinschränkungen im Rahmen des Beurteilungsspielraums des Verordnungsgebers (OVG Berlin-Brandenburg, Beschluss vom 3.4.2020, OVG 11 S 14/20).

Oberlandesgericht Oldenburg: Demenz kein Kündigungsgrund

Das Gericht befand, **demenzbedingte Verhaltensauffälligkeiten** seien in einem Pflegeheim **kein Kündigungsgrund.** Verhandelt wurde über die Kündigung des Heimvertrags einer an Demenz erkrankten Frau. Diese lebte seit 2015 in einem Heim mit eigener Demenzabteilung. Mit der Behauptung, die Frau störe mit ihrem Verhalten den Heimfrieden, kündigte die Heimbetreiberin im September 2018 den Heimvertrag mit der Frau aus wichtigem Grund:

Die Frau laufe ständig umher und suche die anderen Bewohner in ihren Zimmern auf. Dies geschehe auch zur Nachtzeit. Sie betrete auch regelmäßig das Zimmer eines bestimmen Bewohners und schaue diesem gegen seinen Willen bei dessen Intimpflege zu. Zudem sei sie aggressiv, boxe Pflegekräfte und fahre Personen mit ihrem Rollator an.

All das sei kein wichtiger Grund für eine Kündigung, befand zunächst das Landgericht Osnabrück und anschließend, nachdem der Heimbetreiber Berufung eingelegt hatte, das OLG Oldenburg. Beide Instanzen befanden, das behauptete Verhalten der Heimbewohnerin sei für die Heimbetreiberin zumutbar. Ein Recht zur Kündigung des Heimvertrags aus wichtigem Grund liege nicht vor, sodass der Räumungs- und Herausgabeanspruch nicht bestehe.

Gewisse Verhaltensauffälligkeiten von Demenzpatienten seien hinzunehmen. Das behauptete Verhalten der Heimbewohnerin habe sich noch im Rahmen dessen bewegt, was von dem Betreiber eines Pflegeheims mit demenzkranken Bewohnern einer dem Heim angegliederten Demenzabteilung hingenommen werden müsse (OLG Oldenburg, Urteil vom 28.5.2020, 1 U 156/19).

Bundesgerichtshof: Schutz von Demenzkranken

Dass die **Handlungen von Demenzkranken** vielfach unvorhersehbar sind, ist Alltagswissen. Das bedeutet: Wer ein Pflegeheim betreibt, muss dies in jedem Fall wissen – und die Konsequenzen daraus ziehen. Geschieht dies nicht, wird das Heim für die Folgen schadensersatzpflichtig. Dies entschied der Bundesgerichtshof am 14.1.2021 (Az. ZR 168/19).

Verhandelt wurde in Karlsruhe die Klage einer Witwe gegen ein Pflegeheim, in dem der demente Ehemann der Klägerin 2014 als Folge eines Fenstersturzes ums Leben kam. Der verstorbene Heimbewohner war in einem Zimmer im dritten Obergeschoss des Heimes untergebracht, das über zwei große Dachfenster verfügte, die gegen unbeaufsichtigtes Öffnen nicht gesichert waren. Die Fenster befanden sich in 1,20 m Höhe. Sie waren nach der Beschreibung des BGH über eine Art »Treppe« erreichbar: Vor den Fenstern befanden sich ein 40 cm hoher Heizkörper sowie in 70 cm Höhe eine Fensterbank, über die man gleichsam stufenweise zur Fensteröffnung gelangen konnte. Genau diese Gelegenheit nutzte der Betroffene – und stürzte aus dem Fenster.

Der BGH befand, dass »bei erkannter oder erkennbarer Selbstschädigungsgefahr ein an Demenz erkrankter Heimbewohner, bei dem unkontrollierte und unkalkulierbare Handlungen jederzeit möglich erscheinen, nicht in einem – zumal im Obergeschoss gelegenen – Wohnraum mit unproblematisch erreichbaren und einfach zu öffnenden Fenstern untergebracht werden darf«.

Zu den Aufgaben der Betreiber von Pflegeheimen formulierte der BGH folgenden denkwürdigen Merksatz: »Der Heimbetreiber hat die Pflicht, unter Wahrung der Würde und des Selbstbestimmungsrechts der ihm anvertrauten Bewohner diese vor Gefahren zu schützen, die sie nicht beherrschen.

7 Alternative zur Klage: Das Verbraucherschlichtungsverfahren

Seit April 2016 ist – in Umsetzung einer EU-Richtlinie – das **Verbraucherstreitbeilegungsgesetz** in Kraft. Dieses regelt die Durchführung von Streitschlichtungsverfahren in unabhängigen Schlichtungsstellen. Auch Heimbewohnern steht damit – jedenfalls im Grundsatz – eine Möglichkeit zur Verfügung, im Konfliktfall außergerichtlich eine möglichst einvernehmliche Lösung mit dem Heimträger zu erreichen. Das Verfahren ist für Verbraucher – und auch Heimbewohner zählen zu diesen – kostenfrei. Kosten muss lediglich der Unternehmer tragen.

Sind beide Seiten zur Schlichtung bereit, entwirft der Schlichter einen **neutralen Schlichtungsvorschlag.** Dieser kann von beiden Seiten angenommen oder abgelehnt werden. Ein Vergleich – und damit eine verbindliche Vereinbarung – kommt nur zustande, wenn beide Parteien den Vorschlag akzeptieren. Sind Sie als Pflegebedürftiger nicht damit einverstanden, bleibt Ihnen immer noch der Weg vor Gericht.

Die **Teilnahme am Schlichtungsverfahren** ist für beide Seiten **freiwillig.** Unternehmer können also die Durchführung eines Schlichtungsverfahrens jederzeit blockieren. Allerdings müssen Unternehmer die Kunden darüber informieren, ob sie bereit sind, an Schlichtungsverfahren teilzunehmen. In vielen Heimverträgen finden sich Formulierungen wie die Folgende: »Gem. § 6 Abs. 3 Nr. 4 WBVG wird darauf hingewiesen, dass die Einrichtung nicht an einem Schlichtungsverfahren nach dem Verbraucherschlichtungsgesetz (VSBG) teilnimmt«.

Überprüfen Sie, ob in dem Ihnen vorgelegten Heimvertrag ein Hinweis auf das Schlichtungsverfahren steht. Falls der Heimträger sich hieran nicht beteiligt, sollten Sie nachfragen, warum dies nicht geschieht.

Der **BIVA-Pflegeschutzbund** hat die Umsetzung der Verbraucherschlichtung Ende 2019 in einer Befragung von Pflegebedürftigen und ihren Angehörigen überprüft. Diese hat ergeben, dass deren Anwendungsmöglichkeit im Bereich des Wohn- und Betreuungsvertragsverhältnisses bei den Betroffenen kaum bekannt ist. In mehr als 90 % der ausgewerteten Verträge finden sich entweder keine Auskünfte zum Thema Schlichtungsverfahren oder die Teilnahme daran wird abgelehnt. Gleichzeitig erklärte die Mehrheit der Befragten Heimbewohner (fast 80 %) bereits Konflikte im Heim erlebt zu haben, die »überwiegend«, »gar nicht« oder »nur unzureichend« gelöst wurden.

! In einer Broschüre der BAGSO (Bundesarbeitsgemeinschaft der Seniorenorganisationen) und der BIVA »Konflikte im Heim – Verbraucherschlichtung als Chance« wird eine außergerichtliche Streitschlichtung an einem häufig vorkommenden Konfliktfall (Zimmerwechsel) durchgespielt. Die Broschüre können Sie im Internet herunterladen, indem Sie den Broschürentitel in einer Suchmaschine, wie beispielsweise Google, eingeben. Sie können Sie auch in Papierform unter der E-Mail-Adresse kontakt@bagso.de bestellen.

Wichtig: Bevor das Verfahren beginnen kann, müssen Sie Ihren Anspruch gegenüber dem Heim überhaupt erst einmal selbst geltend gemacht haben. Der Unternehmer soll so die Chance bekommen, sich mit der Beschwerde auseinanderzusetzen und mit den Bewohnern gütlich zu einigen.

8 Die Interessenvertretung der Bewohner im Heim

Der **Bewohnerbeirat oder Heimbeirat** – in Nordrhein-Westfalen heißt er **Nutzerinnen- und Nutzerbeirat** – vertritt die Interessen und Rechte der Menschen im Heim. Er trifft sich regelmäßig, nimmt Vorschläge und Beschwerden entgegen und bespricht sie mit der Heimleitung. Auch Angehörige können Mitglied des Beirats sein. Gewählt werden die Beiräte in der Regel für zwei Jahre. Die Größe des Beirats hängt von der Größe des Heims ab.

In den meisten Bundesländern hat der Beirat nur **Mitwirkungsrechte.** Einige Bundesländer gehen weiter und geben dem Beirat auch echte **Mitbestimmungsrechte.** So bestimmt § 11 der Verordnung zur Durchführung des Wohn- und Teilhabegesetzes NRW, dass der Beirat bei folgenden Fragen ein Mitbestimmungsrecht hat, nämlich bei Entscheidungen

- zur Aufstellung der Grundsätze der Verpflegungsplanung,
- zur Planung und Durchführung von Veranstaltungen zur Freizeitgestaltung und
- zur Gestaltung der Hausordnung.

Ähnliche Mitbestimmungsrechte gibt es auch in Bayern und Schleswig-Holstein.

Bis auf diese länder- und themenbezogenen Ausnahmen haben Beiräte nur ein Mitwirkungsrecht. Das heißt: Die Entscheidungen trifft die Heimleitung. Sie ist aber per Gesetz verpflichtet, sich die Wünsche und Kritik von Bewohnern anzuhören und in die Entscheidungsfindung mit einzubeziehen.

Bei der BIVA gibt es Schulungsangebote für Beiträte. Diese finden Sie im Netz, wenn Sie die Stichworte BIVA und Schulungsangebote eingeben.

Manchmal kann in einer stationären Pflegeeinrichtung kein Beirat gewählt werden.

Um trotzdem die Interessen der Heimbewohner zu wahren, bestimmt dann die Heimaufsichtsbehörde eine Fürsprecherin oder einen Fürsprecher. In einigen Bundesländern ist es aber auch festgelegt, dass zunächst ein Vertretungsgremium aus Angehörigen, Betreuern und sonstigen Vertrauenspersonen zu bestellen ist.

9 Die Heimaufsicht und Konflikte zwischen Angehörigen und Pflegeheim

9.1 Heimaufsicht

Die Heimaufsicht überwacht die Heime für pflegebedürftige Menschen. Sie überprüft, ob das Heimgesetz des jeweiligen Bundeslandes eingehalten wird. Die Einrichtungen werden von den Heimaufsichten turnusmäßig einmal im Jahr in einer Regelprüfung geprüft. Bei Beschwerden werden zusätzlich anlassbezogene Prüfungen durchgeführt. Jeder Heimbewohner kann sich bei Beschwerden auch an die Heimaufsicht wenden. Bei schweren Mängeln, vor allem bei eindeutigen Pflegemängeln, kann das direkt erfolgen. Bei kleineren Konflikten sollte man sich in jedem Fall zunächst an den Heimbeirat wenden.

Adressen der für Sie zuständigen Heimaufsicht finden Sie im Portal www.pflegegüte.de. Geben Sie in der Browser-Zeile »Heimaufsicht Adressen« ein. Sie finden dann eine Übersicht der einzelnen Bundesländer und können sich in Ihrem Bundesland auf Ihrer regionalen Heimaufsicht durchklicken. Wundern Sie sich nicht über die Bezeichnungen der Behörden. Diese tragen unterschiedliche Namen. In Nordrhein-Westfalen ist es zum Beispiel die WTG-Behörde. WTG steht für Wohn- und Teilhabegesetz.

9.2 Konflikte zwischen Angehörigen und Pflegeheim

Echte oder auch nur wahrgenommene Mängel gibt es in jedem Pflegeheim. Und häufig – aber nicht immer – neigen Pflegebedürftige selbst dazu, auch echte Mängel hinzunehmen. Bei Angehörigen sieht dies oft anders aus. Sie nehmen Mängel aus Außensicht vielfach eher wahr als die Betroffenen, die sich im Alltag des Heims an bestimmte Missstände – etwa längere Zeit nicht gereinigte Toiletten – gewöhnt haben. Wobei an diesem Beispiel schon deutlich wird, dass erhebliche Spielräume bei der Wahrnehmung bestehen. Was bedeutet »längere Zeit«? Schließlich können Pflegekräfte und Putzdienste im Heim sich nicht ständig um die Toiletten kümmern, die ja zu jedem Zimmer gehören. Klar ist aber auch: Manche Mängel sind offensichtlich. Andererseits ist aber auch klar: Auseinandersetzungen zwischen Angehörigen und Heim können eskalieren – unter Umständen so weit, dass den betroffenen Pflegebedürftigen Schaden zugefügt wird.

Ein Beispiel aus dem Jahr 2005

»Verzweifelt klingelt die 94-jährige Ernestine K. in der Nacht nach einem Pfleger. Die Schlaganfall-Patientin müsste umgelagert werden, ihre Füße haben sich im Gitter ihres Bettes verfangen. Als nach über einer Stunde Hilfe kommt, betet die rechtsseitig gelähmte Frau bereits in Todesangst das »Vaterunser«. Der Pfleger packt die zitternde Patientin und herrscht sie an: »Sie sollten sich doch nicht bewegen. Den Klingelknopf hängt er außer Reichweite, damit endlich Ruhe ist«.

So werden in einem Bericht des Münchener Merkurs vom 19.1.2005 Szenen aus Filmaufnahmen beschrieben, die der Sohn der damals 94-jährigen Pflegebedürftigen illegal aufgenommen hatte. Er hatte in einem Tannenbaum eine versteckte Kamera installiert, um durch die Aufnahmen Pflegemängel im Heim dokumentieren zu können. Als die versteckten Aufnahmen bekannt wurden, erteilte das Heim dem Sohn – einem Diplom-Kaufmann – sofort Hausverbot, seiner Mutter wurde der Heimvertrag gekündigt.

Die Angelegenheit landete schließlich am 18.12.2006 vor dem Landgericht München. Dabei ging es nicht um die illegalen Filmaufnahmen. Ob in diesem Zusammenhang juristisch gegen den Sohn vorgegangen wurde, ist nicht bekannt.

Verhandelt wurde über die Kündigung und das Hausverbot. Trotz der vermutlich rechtswidrigen Filmaufnahmen müsse »die Kündigung des Vertrages das letzte Mittel sein«, befand das LG. Im entschiedenen Fall existiere »als milderes Mittel zur Kündigung das kontrollierte Besuchsrecht für den Sohn«. Dieses ermögliche der Mutter im Heim zu bleiben und dem Sohn, die Mutter zu besuchen. Die für das Heim und dessen Mitarbeiter lästige Auseinandersetzung mit dem schwierigen Angehörigen ihrer Heimbewohnerin könne ihm nicht durch die Kündigung erspart werden. Hier gingen die auch durch das Heimgesetz besonders geschützten Interessen der Bewohnerin, für die ein nochmaliger Umzug mit inzwischen 96 Jahren eine Zumutung wäre, letztlich vor. Wichtig sei: Die Mutter treffe überhaupt kein Verschulden an der schwierigen Situation

Zu den Pflegemängeln befand das Gericht im Übrigen, diese seien nicht nachweisbar. Die vom Sohn behauptete unzureichende Versorgung seiner Mutter mit Flüssigkeit habe auf Fehlern in der Pflegedokumentation des Heims beruht. Insoweit sei auch das Heim schuld daran, dass der Sohn von diesem Pflegemangel ausgegangen sei (LG München I, Urteil vom 18.12.2006, 28 O 8172/05). Die Filmszene kommentierte ein Mitarbeiter des Medizinischen Dienstes laut Münchener Merkur so: »Das Verhalten des Pflegers ist nicht zu entschuldigen«. Klar ist aber auch: Dieses Verhalten wäre auch – selbst wenn es mit legalen Mitteln dokumentiert wäre – nicht justiziabel.

Was sich in München ereignet hat, ist wohl ein Extremfall. Doch viele Angehörige haben in Heimen – formulieren wir es einmal so – »Befremdliches« erlebt und sich ohnmächtig gefühlt. Wie also mit Problemen und Konflikten umgehen?

Die **BIVA** rät: »Mängel im Pflegeheim richtig ansprechen«. Den richtigen Ton zu treffen ist nicht einfach, gerade wenn man schwierige Themen ansprechen möchte. Wenn es sich dabei um ein Problem mit der Versorgung eines Angehörigen handelt, seien zudem – so die BIVA – viele Emotionen im Spiel. Nicht selten erhalte man dann keine konstruktive Antwort, sondern eine Verteidigung oder sogar einen verbalen »Gegenangriff«. Eskalationen bis hin zu Hausverboten und Kündigungen könnten sich aufbauen.

Die BIVA hat jahrelange Erfahrung aus Beratungen mit pflegenden Angehörigen. Zwei Regeln – so rät sie – seien für Angehörige, aber auch für Bewohner im Konfliktfall wichtig:

- Zum einen, den richtigen Ansprechpartner zu wählen, und
- zum anderen, das Anliegen in einem sachlichen Ton vorzutragen.

Der richtige Ansprechpartner

Wenn etwas auffällt, was im pflegerischen Alltag zu vermeiden ist, ist die im Dienst befindliche Pflegekraft die richtige Ansprechpartnerin. Geht es dagegen um grundsätzliche, sich eventuell sogar wiederholende Probleme, so ist die **Pflegedienstleitung** gefragt. Bringt ein Gespräch mit der Pflegedienstleitung nichts, so könne man – so die BIVA – »in der Hierarchie höher gehen, zur Einrichtungsleitung und bis hin zur Geschäftsführung«. Sie rät: »Lassen Sie sich am besten ein **Organigramm** der Einrichtung geben«. Das Organigramm könne man nutzen, um den inhaltlich richtigen Ansprechpartner zu finden.

Der richtige Ton

Aber auch, wenn Sie die richtigen Ansprechpartner auswählen, macht immer noch »der Ton die Musik«. Wichtig ist es daher, berechtigte Kritik sachlich zu formulieren (= Sachebene). Dies ist nicht immer leicht, wenn man feststellt, dass Mängel vorliegen.

Die **BIVA** rät: »Möchten Sie aber konkrete Änderungen erfahren, müssen Sie dem Gegenüber auch konkret aufzeigen, um was es Ihnen geht. Hilfreich können dazu Notizen oder Aufzeichnungen sein, die einem in der unangenehmen Situation des Kritikgesprächs helfen«. Wichtig sei es, keine Vorwürfe zu erheben, selbst dann, wenn das Verhältnis zu einer bestimmten Pflegekraft schon länger belastet sei. Die BIVA rät weiterhin, die Ergebnisse eines Gesprächs protokollähnlich zusammenzufassen und dieses Protokoll dem Gesprächspartner zukommen und möglichst auch gegenzeichnen zu lassen.

Hilfe von außen suchen

All dies ist – räumt die BIVA ein – schwer umzusetzen. Oft sei es daher sinnvoll, einen Begleiter von außen hinzuzuziehen. Ein objektiver Blickwinkel von außen schaffe häufig Klarheit und könne die Gesprächspartner wieder an einen Tisch bringen. Die BIVA bietet solche Vermittlungen im Rahmen ihres Beratungsdienstes an. BIVA-Berater schreiben die Einrichtung an oder telefonieren mit den Beteiligten. Sofern es die Kapazitäten zulassen, begleiten sie Hilfesuchende auch zu Gesprächen vor Ort, ein Service, der durch die Regionalisierung momentan ausgebaut wird.

Diesen Service bietet die BIVA nur für Mitglieder. Die BIVA-Mitgliedschaft kostet 48,– € im Jahr. Dafür erhalten die Mitglieder unter anderem individuelle (Rechts-)Beratung in Konfliktsituationen und bei allen Fragen zu Heimrecht und Leben im Alter. Wichtig: Durch diesen Mitgliedsbeitrag wird eine Organisation unterstützt, die schon viel im Interesse von Pflegebedürftigen und Heimbewohnern bewirkt hat – etwa schon einige wegweisende Urteile im Pflegerecht erstritten hat. Mehr Informationen zur BIVA finden Sie unter www.biva.de.

Wie Pflegekräfte Angehörige sehen: Ein Blick von der »Gegenseite« aus

Für Angehörige von Pflegebedürftigen, die mit den Leistungen, die das Heim den Betroffenen bietet, unzufrieden sind, ist es sinnvoll, auch einen Blick auf die »andere Seite« zu werfen: Wie sehen diejenigen, die in den Heimen Pflege leisten, Angehörige? Interessante Einblicke liefert dabei das Portal pflege-online.de, das vorrangig aus Sicht der Pflegenden Informationen aus der Welt der Pflege bietet.

Unter der Überschrift »Keine Angst vor Angehörigen« erfährt man hier: »Sagen wir es klipp und klar: Wenn Angehörige eines Klienten zu Besuch kommen, kann der Tag für Sie als Pflegekraft zum Spießrutenlauf werden. Vorwürfe, Anklagen und schlecht gelaunt vorgetragene Forderungen prasseln im Minutentakt auf Sie nieder«, schreiben die Autorinnen (und Coachs) Sandra Masemann und Barbara Messer.

Sie werben aber für Verständnis für Angehörige und erklären: Es »muss nicht unbedingt böse Absicht dahinter stecken«. Sie raten Pflegekräften, sich »in die Psyche eines Angehörigen zu versetzen«. Fast alle Angehörigen hätten ein schlechtes Gewissen, weil sie die Mutter oder den Vater »abschieben«, sie fühlten sich häufig hilflos und überfordert. Sie raten: »Nehmen Sie die Angehörigen ernst« und geben Tipps, wie die Fronten aufzuweichen sind, die mitunter zwischen Pflegekräften und Angehörigen bestehen.

Diese Ratschläge werden Pflegekräften gegeben

Ein Beispiel: Eine Tochter beschwert sich: »Wie sieht denn mein Vater aus, so ungepflegt, das Hemd hat vorne Flecken«.

Die Coaches für Pflegekräfte raten, angesichts einer solchen Reaktion von Angehörigen innerlich einen Schritt zurückzutreten und sich zu fragen, »welche Sorge hinter der ruppig vorgebrachten Kritik verborgen ist«. Sie geben den Tipp: »Wenn Sie die (möglichen) Sorgen und Ängste für sich klar benennen und den Angehörigen so eine gute Absicht unterstellen, können Sie wieder zum Profi werden und Gutes tun«.

Für den oben genannten Vorwurf schlagen Sie als Beispiel folgende Reaktion vor:

»Sie sind verärgert, weil Ihr Vater einen ungepflegten Eindruck macht? Das verstehe ich gut, mir ging es ähnlich mit meiner Tante. Sie hat fast alles abgelehnt, was ich ihr angeboten habe. Ihr Vater zeigt solchen Stolz, oft male ich mir aus, wie er wohl früher war, als er bei der Post gearbeitet hat«.

Die Autorinnen raten Pflegekräften: »Wenn Sie die Sorge ansprechen und Verständnis zeigen, entspannen Sie die gesamte Situation und ermöglichen einen direkten Austausch«.

10 Betreutes Wohnen als Alternative

»Betreutes Wohnen hat sich zu einer der stärksten Säulen im Pflegemarkt entwickelt und wird sowohl von ambulanten als auch klassischen stationären Betreibern zunehmend etabliert. Mit rund 390 Projekten im Bau und mehr als 450 in Planung ist die Entwicklung der Standortanzahl aktuell sogar stärker als im klassischen stationären Segment«. So fasst das Portal pflegemarkt.com seine »**Marktanalyse Betreutes Wohnen**« zusammen.

Die rasante Entwicklung des »betreuten Wohnens« ist darauf zurückzuführen, dass dieses Konzept für die heute älter werdende Seniorengeneration durchaus interessant ist. Kurz gefasst bietet es »Weniger Heimatmosphäre, bei mehr Selbstständigkeit, gekoppelt aber mit Sicherheit«. Laut Daten der Pflegedatenbank von pflegemarkt.com existieren in Deutschland mehr als 7.100 betreute Wohnanlagen, die mehr als 359.800 Wohnungen für Pflegebedürftige zur Verfügung stellen. Zum Vergleich: Nach den Daten des Barmer Pflegereports von 2019 lebten damals bereits schätzungsweise 150.000 Pflegebedürftige in Einrichtungen des betreuten Wohnens. Die Schätzung wurde von den Autoren als »konservativ« bezeichnet. Die Tendenz wird gleichermaßen als steigend eingeschätzt.

Was ist genau unter betreutem Wohnen zu verstehen?

Grundgedanke des betreuten Wohnens ist, so viel **Selbstständigkeit** wie möglich zu erhalten und so viel Betreuung wie nötig zu bieten. Im Idealfall bietet betreutes Wohnen:

- Eine zentral gelegene, **barrierefreie altengerechte Wohnung,** das bedeutet: Sie leben selbstständig in Ihrer Wohnung, für die Sie einen Mietvertrag abschließen (auch die Variante des Kaufvertrags ist möglich).
- Ein **Paket von Grundleistungen,** für die Sie monatlich eine sogenannte Betreuungspauschale entrichten. Hierdurch können

Sie zum Beispiel Beratung, einen Hausnotruf und Hausmeisterdienste in Anspruch nehmen. Die Pauschale zahlen Sie allerdings auch dann, wenn Sie aktuell keine Leistungen in Anspruch nehmen.

- **Zusätzliche Wahlleistungen,** die angeboten werden, die Sie aber nur bei Bedarf in Anspruch nehmen. Wohnungsreinigung, Fahr- und Begleitdienste oder ambulante Pflege können Sie beispielsweise als Mieter abrufen und separat abrechnen.

Auch in Einrichtungen des betreuten Wohnens können Sie **Leistungen der Pflegeversicherung** erhalten, es gelten aber die Regeln für die ambulante Pflege. Sie können also – genau wie in jeder normalen Wohnung – Leistungen von Pflegediensten »einkaufen«. Die Pflegeversicherung stellt Ihnen hierfür ein – je nach Pflegegrad – unterschiedlich hohes Budget zur Verfügung.

Unter dem Etikett »betreutes Wohnen« finden Sie sehr unterschiedliche und sehr vielfältige Modelle und Vorstellungen. Der Begriff »betreutes Wohnen« ist bislang nirgendwo verbindlich definiert. Sie finden gute und schlechte, preiswerte und völlig überteuerte Angebote. Und – für Sie besonders wichtig – Sie finden höchst unterschiedliche Betreuungsangebote. Das Spektrum reicht dabei von wenig Betreuung bis fast zur Vollversorgung.

Im Folgenden sind die **wichtigsten Typen von betreuten Wohnanlagen** zusammengestellt. Die Wohnanlagen sind dabei nach dem Ausmaß des Betreuungsangebots angeordnet.

Das »Hausmeister-Modell«: Technische Betreuung

Auf der einen Seite stehen Wohnanlagen, in denen Sie fast wie in einer »normalen« Wohnung leben. Hier gibt es lediglich einen Hausmeister, der Sie »technisch betreut«, also die Wartung und Reinigung von Fluren, Gemeinschaftsräumen und Grünanlagen, das Schneeschippen und kleinere Reparaturen in den Wohnungen übernimmt.

Um weitere Betreuungsleistungen und um Pflege müssen Sie sich in diesen Wohnanlagen selbst kümmern. Bei erhöhter Pflegebedürftigkeit müssen Sie meist in ein Pflegeheim umziehen.

Betreutes Wohnen mit Ansprechpartner, aber ohne eigene soziale Dienste

Dann gibt es eine Reihe von betreuten Wohnanlagen, die sich dadurch auszeichnen, dass Ihnen ein **Ansprechpartner** zur Verfügung steht, der Sie berät und Ihnen notwendige Hilfen (beispielsweise pflegerische Hilfen oder Einkaufsdienste) vermittelt. Die Hilfen werden aber von außerhalb der Anlage erbracht, da die Anlagen selbst keinen Pflegestützpunkt oder sozialen Dienst haben. Wenn Sie Pflege benötigen, kann Ihnen der Ansprechpartner bei der Koordination der Hilfen helfen. Dennoch ist bei schwerer Pflegebedürftigkeit häufig ein Umzug ins Pflegeheim nicht zu vermeiden.

Betreutes Wohnen mit Ansprechpartner und eigenem sozialen Dienst bzw. Pflegestützpunkt

Meistens gibt es in solchen Anlagen die Möglichkeit einer pflegerischen »Rund-um-die-Uhr-Betreuung«. Wenn dies gewährleistet wird, bleibt Ihnen, auch wenn Sie später schwer pflegebedürftig werden sollten, meist ein Umzug ins Pflegeheim erspart. Die Atmosphäre in solchen Einrichtungen ist häufig schon weit mehr durch Pflege und Betreuung geprägt.

Betreutes Wohnen in einer Einrichtung, die nicht nur einen Pflegestützpunkt, sondern eine gesonderte Pflegeabteilung hat

Hier liegt der Schwerpunkt der Einrichtung noch stärker auf Pflege. Der Verbleib in der Einrichtung ist deshalb auch bei Schwerstpflegebedürftigkeit garantiert. Allerdings muss der Umzug in die Pflegeabteilung unter Umständen in Kauf genommen werden. Es kann auch vorkommen, dass Bewohner zu einem solchen Umzug auch gedrängt werden.

Betreutes Wohnen in einer an ein Pflegeheim angekoppelten Wohnanlage

Hier können Sie in der Regel alle Dienstleistungen in Anspruch nehmen, die den Pflegeheimbewohnern angeboten werden. Oft ist vom Pflegeheim aus nur für begrenzte Zeit Pflege in der Wohnung möglich, bei stärkerer Pflegebedürftigkeit ist häufig ein Umzug ins Heim notwendig. Es kann auch vorkommen, dass Bewohner zu einem solchen Umzug gedrängt werden.

Unklar und immer wieder strittig ist die rechtliche Situation des betreuten Wohnens. Gerade bei Angeboten mit stärkerem Pflegeschwerpunkt ist die Abgrenzung gegenüber dem Pflegeheim schwierig.

! Wohnanlagen, in denen die Leistungen genau wie in Heimen angeboten werden, sind rechtlich gesehen auch als Heime einzustufen. Das bedeutet: In diesen Fällen gilt das WBVG (Wohn- und Betreuungsvertragsgesetz), die Bewohner können sich damit auf die durch dieses Gesetz gesetzten Standards berufen.

In den meisten Anlagen haben die Bewohner die Freiheit, Betreuungsleistungen bei beliebigen Anbietern in Anspruch zu nehmen. Diese Einrichtungen fallen nicht unter das WBVG. In solchen Wohnanlagen gilt – wie auch für Wohnungen außerhalb von Anlagen – das Mietrecht. Wenn es um Miethöhe, Kündigungsfristen oder Kündigungsgründe geht, stehen Bewohner betreuter Wohnanlagen damit unter dem **Schutz des Mietrechts.** Die Betreuung ist demgegenüber nicht gesetzlich geregelt. Denn der Begriff »betreutes Wohnen« ist nicht gesetzlich geschützt. Es gibt keine Gesetze, Verordnungen und DIN-Normen, die bestimmen, wie viel Betreuung Ihnen in Anlagen angeboten wird und was Sie dafür bezahlen müssen. Dies regeln Anbieter und Bewohner, indem sie einen Vertrag über Betreuungsleistungen abschließen, den sogenannten Betreuungsvertrag.

Wie finde ich betreute Wohnanlagen – und wer kann mich hierüber beraten?

Eine gewisse Orientierung bieten **Qualitätssiegel.** Spezielle Siegel für das betreute Wohnen gibt es zum Beispiel in Nordrhein-Westfalen.

Unter www.kuratorium-betreutes-wohnen.de finden Sie eine Übersicht über die Einrichtungen, die in NRW das Qualitätssiegel erhalten haben. Dies waren bei Redaktionsschluss dieses Ratgebers allerdings nur 29 Einrichtungen.

Qualitätsanforderungen und Zertifizierung

Das Deutsche Institut für Normung hat in der DIN 77800 **Qualitätsanforderungen für »Betreutes Wohnen für ältere Menschen«** festgelegt. Durch diese ist es für Anbieter dieser speziellen Wohnform auch möglich, ihr Angebot über die **DIN CERTO** zertifizieren zu lassen. Keine Anlage ist verpflichtet, sich zertifizieren zu lassen. Diejenigen, die dies tun, können – soweit sie die Prüfung bestehen – damit werben, dass Sie die Vorgaben der DIN 77800 erfüllen.

Wenn Sie sich für eine betreute Wohnanlage interessieren, sollten Sie in jedem Fall fragen, ob sich diese Anlage nach den Vorgaben der DIN 77800 hat zertifizieren lassen – und falls nein: Warum dies nicht geschehen ist.

Die DIN 77800 definiert »betreutes Wohnen« folgendermaßen:

»Betreutes Wohnen ist ein Leistungsprofil für ältere Menschen, die in einer barrierefreien Wohnung und Wohnanlage leben, das Grundleistungen/allgemeine Betreuungsleistungen und Wahlleistungen/weiter gehende Betreuungsleistungen umfasst. Es unterstützt eine selbstständige und selbstbestimmte Haushalts- und Lebensführung und die Einbindung in soziale Strukturen der Hausgemeinschaft und des Wohnumfeldes«.

Im Internet finden Sie die DIN 77800, indem Sie in einer Suchmaschine oder im Browser die Stichworte »Baunormenlexikon DIN 77800« eingeben.

Portal »Wohnen im Alter« bietet größere Übersicht über betreute Wohnanlagen

Sie finden dieses kommerzielle Portal im Internet unter wohnen-im-alter.de. Der Suchweg zu den betreuten Wohnanlagen ist nicht gerade selbsterklärend. Sie müssen zunächst unter der grünen Überschrift »Pflege im Heim« die Vorgabe »Pflegeheim suchen« anklicken. Auf der Seite, die sich dann öffnet, klicken Sie »Seniorenwohnen/Betreutes Wohnen« an. Geben Sie hier beispielsweise als Vorgaben »Köln« und »20 Kilometer Umkreis« ein, so werden Ihnen 45 Anlagen angezeigt. Das Portal bietet auch direkt die Möglichkeit, per Klick mit den Anlagen Kontakt aufzunehmen.

Die in den Einrichtungen angebotenen Leistungen und die erhobenen Preise sind höchst unterschiedlich. Fachleute schätzen, dass die reinen Mietkosten (ohne Betreuungspauschale) im Schnitt jeweils etwa 20 % über dem jeweiligen örtlichen Mietniveau liegen.

Index

S

V

W